評伝
日本の経済思想

赤松 要

わが体系を乗りこえてゆけ

池尾愛子

日本経済評論社

はしがき

赤松要（一八九六～一九七四）は、雁行形態論と雁飛行グラフで世界的に有名になった国際経済学者である。彼の専門研究の範囲には、資源経済学、広域経済論（含南方調査）・世界経済論、技術進歩と長期波動、綜合弁証法が含まれた。彼の研究と生き方は彼が生きた時代をよく反映しているにもかかわらず、現在の国際経済や地域経済の問題を考察する際に押さえるべき要点と背景知識も多く提供してくれる。死後三〇余年経たにもかかわらず、赤松の評伝がこれまで出なかった最大の理由は、彼の人生がアジア太平洋戦争の時代（一九三七～四五年）を含んだため、複雑な事情が関係したからであろう。

赤松の雁行形態論は実証研究（経験的研究）から生まれたオリジナル理論であり、途上国に対しては輸入代替戦略の有効性を伝える理論でもある。彼は、日本の羊毛業や綿業のデータを収集し、二次元の時系列グラフを駆使した視覚に訴える実証研究から、雁行形態論を生み出したのである。つまり、後進国の工業化を観察すると、まず一次産品の輸出に対して工業品の輸入があり、ついで工業品生産が起こり、そしてその輸出に進出する三つの時系列カーブが雁行的であったことから、この名をつけたのである。一九三五年に発表されて以来、かつては途上国であったドイツ、アメリカ、途上国である東アジア諸国にもあてはまると、一般性を持つことが強調され、雁行的発展により世界の産業が同質化への途を歩むと主張された。

この産業発展の同質化を打ち破るための世界経済再異質化の方途の一つに、一九四〇年頃には広域経済（regional economy）の形成があった。広域ブロック経済を形成し、その経済圏内において自然に異質的分業関係を成立させ、全体の生産力を向上させることによって圏内の共存共栄が達せられるはずであった。そして、赤松は、中核的国民経済が先進国として、絶えず高度異質化つまり技術革新による製品・サービスの高度化を実現することによって、雁の群れの先頭を切り続けることができると、雁たちを三次元空間に放ったのである。

赤松の雁行形態論は進化を続け、比較生産費構造が時間を通じて変化することであると説明されるようになり、相対的に技術移転が容易な産業（繊維工業）中心の経済発展理論として分析力を持ち続けた。世界経済研究協会編の「一九八五年の世界貿易」シリーズ全六巻（一九七二〜七五年）に、雁行形態論の応用と経験的研究の集大成をみることができる。

赤松は、世界経済の発展が技術進歩によること、つまり工業化が国境を越えて波及していく過程で技術の進歩と伝播がともなうことに着目した。そして技術変化と結びつく長期波動であるコンドラチェフ波を、彼の世界経済の構造変動論に取り入れた。産業における様々な革新が長期波動の上昇とともに世界経済の分業化をもたらし、また革新された産業が他の国々に伝播して各国の産業は同質化し、世界的過剰生産と世界的不況をもたらし、そのため長期上昇と長期下降が交替して発生すると彼は把握した。

赤松にとっての研究の羅針盤は綜合弁証法であり、それは実証研究と理論研究の導索からなっていた。ここから発展と循環と構造に着目する経済政策の体系――基本的に、「小さな政府論」で、民間部門による技術革新の重要性を強調する――が生まれ、さらに世界経済の異質化と同質化という分析道具が生まれた。赤松の「綜合弁証法」は、日本経済や産業の発展、広域経済論という分野での応用を通じて形作られ進化したといえ、彼は日本における経験的研究でも先駆者であったことが注目される。

歴史的にいえば、一九四〇年九月に日独伊三国同盟が締結され、日本の貿易動向を把握する際、日本ならびに東アジア経済を中心として世界経済全体の動向を観察することが必要になった。赤松編輯の『新世界経済年報』では、当時の商工省やゼミナールの学生たちが協力して貿易の最新データを収集・分析し、条約締結が将来の貿易の展開に及ぼす影響が考察された。ヨーロッパで新秩序を築こうとするドイツ、イタリアと同盟を結んだため、日本を含む東アジアと、ドイツ、イタリアとの間の貿易が、イギリスにより断ち切られていった。三九年七月にアメリカから日米通商航海条約廃棄を一方的に通告され、翌四〇年一月よりアメリカと日本は無条約状態に入っていた。日本を工業国として支えるために、石油や鉱物資源、ゴムを輸入でき、日本の工業製品などを輸出できる地域を確保することが急がれていた。『新世界経済年報』第五輯（一九四一年）と第九輯（一九四二年）では、大戦突入前夜の日本の対外貿易の全貌と政策課題を見ることができる。

一九四〇年から四一年にかけて、陸軍参謀本部の秋丸機関では日本、英米、ドイツ、ソ連の戦争遂行能力の比較検討が行われ、赤松はソ連班の委嘱を受けてソ連の経済力を測定する委員会に加わり、満州（現中国東北地方）や華北の実地調査も行った。答申全体は日中戦争（一九三七年開始）に加えて、さらなる戦争の開始に対して否定的なものであった。しかし、赤松の願いは空しく、戦線は拡大した。それどころか、赤松は一九四三年一月に東京商科大学（現一橋大学）の教授のまま、南方総軍の軍政総監部の調査部長に就任し、主にシンガポールに滞在して南方の調査を指揮することになった。彼は調査団員の板垣与一と協力して、インドネシアやマライの独立に向けて活動する一方で、南方の経済資源の分布に関する知識を蓄積し、日本で最も資源問題に詳しい経済学者となったのである。

赤松は学生時代にマルクス経済学を研究するものの、それを乗り越えてマルクス理論の批判者となった。彼は、低賃金労働の援護を受ける途上国との競争においては、絶えざる技術進歩と技術革新に先進国の命運を見出す一方で、日本国内の最低賃金制に関する議論にも加わった。

本評伝は、赤松の著書や論文のほか、赤松要博士還暦記念論集刊行会（代表小島清）編『経済政策と国際貿易――赤松要博士還暦記念論集――』（一九五八年）およびそれに収録された「自作年譜」、赤松要先生門下生（代表小島清）編『学問遍路――赤松要先生追悼論集――』（一九七五年）およびそれに収録された赤松執筆「学問遍路」（一九六七～六八年初出）を活用した。そして、小島清氏と、赤松の講義を学生時代に聴いた佐藤隆三氏（数理経済学者）からの聞き取り調査も実施した。小島氏からは、『学問遍路』や写真も提供していただいた。お二人のご協力には心から感謝する。

本書の副題は、高弟の小島清氏の結婚式のときに贈られた歌「ここまではついて来たけれどこれからは　わが体系を乗りこえてゆけ」の後半から取らせていただいた。日本のリーダー格の経済学者たちは、海外で発表された研究をよく消化するとともに、日本が直面する経済問題を同時代の専門職たちとともに熟考し、解決策を模索してきたのである。日本語を読める読者にとって、赤松や日本の経済学者たちの研究や知的営為から学べることは、幸いなことであり、同時に、研究者たちはそれを乗り越えていく使命を帯びているのである。

本書の執筆にあたって、日本経済思想史研究会で発表させていただいたときの出席者および評伝シリーズ刊行委員会の諸氏からいただいた有益なコメントに感謝する。さらに、同研究会の本評伝シリーズを担当された日本経済評論社の谷口京延氏には、本巻の作成でもお世話になったことを記して感謝する。なお、本書は、文部科学省科学研究費基盤研究（C）「二〇世紀以降の国際経済学の展開」（課題番号 18530151）に基づく研究成果の一部として公刊されるものである。

二〇〇七年一一月五日

池尾　愛子

目次

『日本貿易の構造と発展』解説会で雁行形態論を講義される赤松博士
（1972年５月）

『日本貿易の構造と発展』解説会（1972年６月、如水会にて）

愛弟子 小島清（右）と　（1973年７月11日）

第1章　神戸高商・東京高商時代まで

1　子供時代

赤松要は一八九六（明治二九）年八月七日に福岡県久留米市京町で、赤松虎之進（米穀小売商）の長男として生まれた。旧藩時代には、赤松家は有馬藩主より三〇〇石を領する柔道指南を務める一方で、要の母は学者の血統を引いていた。廃藩とともに状況が大きく変わり、要の祖父が米穀商を開業したのであったが、「士族の商法」の域を脱するには至らず、要は貧しさのなかで苦悩しながらも学業に修めていくことになる。

一九一〇（明治四三）年四月に、要は久留米市立久留米商業学校に入学した。商業学校に入学したのは、卒業後に職を手にしやすいと考えられたからだった。要は父に代わって毎日米の配達にも従事するものの、街の大きな米屋が自転車を使って米の配達距離を延ばしていくと得意先を奪われ、相当の掛買い借金をもつ貧乏な取引先だけが顧客として残ることになった。掛倒れはかさみ、家計は日に日に傾いてゆき、卸売商から米を仕入れる金にも困るようになった。家を抵当に高利貸しからも借金をすることになり、その利払いにますます困窮した。家の窮状をみて、要はさらに新聞配達もすることになったが、長距離を走ったので数カ月目に足の関節を痛めて歩行困難になり、やむなく新聞配達は断念することになった。要は疲労のために教室で居眠ることもある一方で、何かを求めて心に苦悩を覚えていた。要は寒中毎夜井戸水を浴びたり、筑後川を越え三里の道を歩いて孤影悄然と九千部山の嶺に立って日没を見て深夜に家に帰ったり、キリスト教会に通ったりすることもあった。それでも、一九一五（大正四）年三月に卒業するときには成績は二番であった。

「無口の善人にして謡曲には一家の風をなしていた」としながら、要は、悩める父の様子を、次のように歌に詠んでいた。

過またば　なれを斬るべき　銘刀を　蔵せりと父　酔いて言いしかな

福岡時代の父は「欝を酒に散じ」ることがあり、家族の悩みの種になっていた。赤松要の若い時代を知る人たちは、彼の実家にカネがなくとにかく貧乏に苦しんでいたこと、しかしそれでも彼は豪放な態度で研究に挑んでは酒をたしなむ生活を営んでいた、と異口同音に語っている。

2 神戸高商時代

貧乏にあえでいた赤松要が進学を決意したのは、旧藩主有馬家より成績優秀者には育英資金が出ることがわかったからであった。要は一九一五（大正四）年四月に、神戸高等商業学校（現神戸大学）に無試験で入学し、はたして育英資金を受けることになった。もっとも、要の神戸高商時代は第一次大戦（一九一四年七月～一八年一一月）の時期と重なり、ヨーロッパが主戦場であったが、日本でも物価が上昇するなど生計に影響がでていた。要は、友人の久琢磨の世話で家庭教師をして学費をおぎなっていたが、経済学者の坂西由蔵《さかにしよしぞう》（一八七七～一九四二）のゼミナールに入ってからは、英文翻訳のアルバイトを引き受けて余裕ができるようになった。

坂西由蔵は、『企業論』（同文館、一九〇五年）、『経済生活の歴史的考察』（大鐙閣、一九二五年）といった著書のほか、福田徳三（一八七四～一九三〇）が留学中にドイツ語でまとめミュンヘンで出版した著作 *Die gesellschaftliche und wirtschaftliche Entwickelung in Japan* の日本語訳『日本経済史論』（大阪 宝文館、一九〇七年）を出版している。福田の著作のドイツ語版は改訂を重ね、坂西は二五年に第五版をもとにした日本語改訂版も公刊したのであった。

ところで、生活に余裕のできた要は、摩耶山麓の高台にある桜茶屋山荘に下宿することができた。そこには酒を携えてよく集まる友人たちがいて、月夜に乗じて飲むことがあり、豪放な生活も始まった。他方で、要は学生の間で有名になるほど学校の図書館に通いつめて、ショウペンハウエルやニーチェなどの哲学の翻訳書を読みふけっていた。また、学友会誌編集委員として毎月号の巻頭言を執筆するなどしてめだった活躍をするようになり、高等商業学校の大学昇格運動に関心をいだくようになった。

要は一九一八（大正七）年九月には、神戸高商創立一五周年記念祭歌に応募し、「友来りまた友去りし、ここ筒陵の草の夢」に始まる記念祭歌に当選する栄誉にあずかった。同じ学友会誌編集委員であった大塚富士夫（大塚金之助の弟、一九四〇年に逝去）と交友を深め、彼の書斎から石川啄木（一八九六〜一九一二）の歌集『悲しき玩具』（東雲堂書店、一九一二年）を借りだし、啄木の影響をたっぷり受けることになった。読むほどに、心の底から揺り動かされる感じがして、啄木の歌をひとりでに口ずさむほどになった。また、生活には窮していたものの、西宮から二里の道を歩いて、人気のタカラジェンヌ一期生雲井浪子（本名坪内操、一九〇〇〜二〇〇三）が主演する宝塚歌劇に通ったことも数回あった。歌劇のシナリオを書いて応募はしたものの当選はしなかった。それでも、高商語学部の国際劇のシナリオ執筆を引き受けたところ、その演出は成功したという。体調のよい健康なときには、要は学生生活を謳歌していたといえる。

第一次世界大戦中、日本から海外への輸出が増えて日本の経常収支は赤字から黒字に転じたが、戦争景気とともに国内物価は高騰していった。一九一八年七〜九月に、米どころの富山県魚津の大衆から米の廉売を要求する声が起こり、それが全国に広がって米騒動となった。前年の米の不作がマクロ的な原因としては大きかったので、新米が市場に出回るようになると騒ぎはおさまった。しかし、寺内正毅内閣が倒れるほどの大きな勢いをもち、学生たちの生活にも影響が及んでいた。秋になって一一月にヨーロッパ戦線がドイツの降伏によって終結すると、日本の経済界は好況に沸くようになり、「宴会の芸者たちに紙幣をまき散らして競争で拾わせた」など戦争成金の豪勢な行動が伝えられるようになった。いくつかの会社から採用通知があったものの、母の切なる就職の願いも斥けて、要は進学の意思を貫いた。要は、社会人として新装した友人たちが脱ぎ捨てた服、靴など見廻り品を譲り受け、東京の「大学」に進学することを決意した。将来は学者になるという夢が、貧しき要の心のなかで膨らみつつあったことが次の歌からわかる。

金あれば　学者になるのは　やすいことと　本屋の書棚を　つくづくとみる

要は同年三月に卒業するまでの四年間の高商時代を一着の学生服で過ごしたので、文字どおり弊衣破帽となっていく。好景気の絶頂期にあり、二つの会社から会食の招待を受けたものの、要に就職する意志はなかった。要は、「爛熟した資本主義とわたくしの困窮とが、あまりに隔たっていることに吐息し、このような社会は長続きしないであろう」と考えていた。こうした資本主義観（思想）が培われた理由には、要自身の窮乏生活のほかに、時代背景ともよぶべきものがあった。

マルクス主義とカント哲学

第一に、河上肇（一八七九〜一九四六）の積極的なマルクス理論啓蒙活動があった。一九一九年から月刊誌『社会問題研究』が発行され始め、すべてが河上単独の執筆で、ほとんどがマルクス理論の平易な紹介であった。『社会問題研究』は当時の青年学徒に大きな影響を与え、のちに左翼陣営の大物とみなされるようになった大内兵衛（一八八八〜一九八〇）や向坂逸郎（一八九七〜一九八五）なども例外ではないだろうと、のちに要は述懐している（赤松 一九七五：一五）。

第二に、一九一七年にはボルシェビキ革命が起こり、帝政ロシアの崩壊が伝えられていたことがある。革命の勃発、そして革命がもたらしたともいうべき効果や影響、それに続く時代のうねりは、日本人たちにとっても大きな衝撃であった。「日本の資本主義もこのままではありえないだろう」という思いが、要の心に深くきざみつけられたのであった。

第三に、大阪の労働運動のリーダー鈴木文治（一八八五〜一九四六）が率いる友愛会が労働総同盟と名前を変え、労働運動に一つのエポックを画したことがあった。要はロマン主義の哲学は翻訳書で勉強していたのであるが、彼の思索に大きな変化が起こり始めた。「いわばわたくしの哲学志向にマルクスの唯物史観が割り込んできた」（赤松 一九七五：一五）とのちに書いている。自分の行く道が社会運動にあるのではないかと考え始め、ならばマルクス理論を知らなくてはならない、「マルクスを充分理解しないで労働運動に投ずることは、羅針盤なくして航海に出るようなものだ」（赤松 一九七五：一五）と考え始めたのである。高商の授業ではドイツ語だけは熱心に取り組み、坂西由蔵ゼミナールでの卒業論文は、ドイツ語論文の翻訳にあて、マルクスを読むための準備をすることにした。

他方で、マルクス主義とまったく対立する思潮も、当時の多くの青年学徒に影響を与えていた。経済哲学者の左右田喜一郎（一八八一〜一九二七）による経済学へのカント哲学の導入であった。左右田は高等商業学校専攻部（一橋大学の前身）卒業後、ドイツに留学し、一〇年近く滞在して一九一三年に帰国した。新カント派の哲学、とくにハインリッヒ・リッケルト（Heinrich Rickert, 1863-1936）に師事し、カントの観念哲学によって経済科学にコペルニクス的転回をもたらそうとしたと評される。左右田の「カント認識論と純理経済学」が東京高商の創立四〇周年記念講演で発表され、一九年一一月の『国民経済雑誌』に論文として掲載されて注目をされた。そして、一九年に出版された著書『経済哲学の諸問題』（岩波書店）にも収録された。「深遠の碧きを思わせるような神秘さをもち難解至極な」論文を読み返し、要は、左右田の試みを次のように汲み取った。

経済現象というものは、他の一切の現象も同様だが、そのものとして実在するものではない。それはそれぞれの先見的（アプリオリ）形式によって構成的に認識されたものだ。いわば経済学の眼鏡を通して観れば、そこには経済現象は成立する。この経済学のめがねは貨幣概念であって、貨幣のめがねを通してみれば一切は経済現象になる。それぞれの現象、したがってそれぞれの学問は、一つの統一概念を通して認識され構成されなければならないという観念論は実在論……と対立するものであった。（赤松 一九七五：一七）

要は、一方で河上の社会問題研究によってマルクスを探り、他方で左右田哲学に傾倒していた。この二つの思潮が相容れない対立物であることにはまだ気づいていなかった。

すでに述べたように、要は高商の大学昇格運動に強い関心を持っていて、神戸高商も大学となるべきであると主張して、学友雑誌に学問論を展開していた。一九一九年二月に、要は神戸高商の大学昇格を文部大臣に陳情するために学生代表として佐藤卓とともに上京し、初めて東京の土を踏むことになった。そして、東京に出てマルクスを研究しようという気持ちがいよいよ募っていった。同じ頃、東京高等商業学校（現一橋大学）でも商科大学への昇格問題が取り組まれていて、こちらは一九二〇年に東京商科大学となり、神戸高商は二九年に神戸商業大学となる。

要は先輩から、東京・水道橋の東洋商業学校の講師アルバイトの仕事を譲り受ける約束を得て、学資を稼ぐ目途をつけた。そして、学者への道を歩み始めたのであった。

3　東京高商時代

赤松要の学問生活は、一九一九（大正八）年四月に東京高等商業学校専攻部経済科に入学し、福田徳三のゼミナールで経済研究と取り組み始めたときに始まった。同級生に、宮田喜代蔵（のちに神戸大学教授、一八九六〜一九七七）、大熊信行（のちに神奈川大学教授、一八九三〜一九七七）、梅田政勝（のちに福岡大学教授）、一年上には井藤半弥（のちに一橋大学教授、一八九四〜一九七四）、二年後輩には日本の経済学界のリーダーとなる中山伊知郎（のちに一橋大学教授、一八九八〜一九八〇）がいた。福田徳三については、学生の間では「ゼミナールの報告がまずくてなぐられた学生がいる」「ゼミナール報告の原稿をわしづかみにして窓から投げ捨てられた学生がいる」など脚色がかった伝説が流布していて、大袈裟で真偽がわからないまま、「不気味な威圧感があった」と、赤松は入学したての頃の印象を記している。

厳しくも熱心な福田のもとで、赤松は「わきめもふらず勉強する」ことになった。福田ゼミでは、「報告の原稿は一週間まえに先生に渡さねばならない。その原稿は報告の日に先生から返されるのであるが、いたるところに朱で校訂が加えられている」（赤松一九七五：一〇）。赤松は「批判なくして学問なし」という福田の方針により、マルクス理論を批判的に考察することになった。まずはマルクスの『経済学批判』（ツアクリティク）を読むことになった。しかし、最初の報告の前夜、赤松は緊張で眠れず、睡眠不足でゼミに臨み、当日渡された朱入り原稿を読み始めたものの、文章中のドイツ語の発音でつかえて止まってしまった。福田が原稿をひったくって代読し、思いがけず、その原稿は『国民経済雑誌』に発表することを勧められた。一九二〇年、同第二八巻の第五号と第六号に、福田徳三校閲、赤松要稿「マルクス『経済学批判』に於ける商品論」が掲載され、赤松の最初の研究論文の公刊となった。

第一次世界大戦は赤松が東京商大に入学する前年の秋に停戦を迎えたものの、初めての世界戦争は世界に様々な変化をもたらしていた。日本でも学問と思想の世界に「疾風怒濤」（シュトルム・ウント・ドランク）とよばれる「渦巻」を起こしていた。赤松自身は、アルバイトとゼミ報告の準備に追われて、街頭の運動や講演会に参加することはめったになかった。しかし、福田徳三が関与した論争や運動はいうまでもなく弟子たちには極めて身近なものであった。

第一は、政治的民主主義の流れで、具体的には普通選挙の実現をめざす運動であった。学界では吉野作造・福田徳三を中心となった、「民本主義的思想」の啓蒙団体である黎明会が一九一八年に結成された。しかし、二〇年には解散を余儀なくされる。

第二は、福田徳三と河上肇の『改造』誌上での論争で、赤松のマルクス研究に大きな刺激を与えたのであった。マルクスの用語の技術的、末梢的な批判にまで及ぶこともあったが、赤松は、マルクス理論に対して批判的になったのはこの論争によるところが大きいと振り返っている。

第三は、福田徳三と左右田喜一郎の論争であった。左右田は何か構想がまとまるたびに、一橋の教壇に立って、教室をうめつくした赤松を含む学生たちに向けて特別講義を行っていた。赤松は左右田とはそれ以上の関係があった。彼の神戸高商での恩師の坂西由蔵と、左右田は親しい学友関係にあった。それゆえ、視力を失いかけた坂西が左右田邸を訪問したおり、赤松は同伴してそのまま左右田邸に一泊することになった。左右田ゼミの学生ですら先生の私邸に泊まることはなかったので、赤松の誇りとなった。そして、「そのとき初めてやわらかな絹のふとんの感触を覚えたこと、はじめてハム・エッグスというものを口にしたこと」などが赤松の記憶に残ることになった。

福田徳三と左右田喜一郎の論争

論争を仕掛けたのは、左右田の方で、経済学の「コペルニクス的転回」として一つの学問的革命を構想したときに、その批判の対象として福田経済学を俎上に載せたのであった。福田経済学が日本を代表するとの認識があったからである。その哲学的批判の中心は、経済学が基礎を置くとされた実在論、心理主義とよばれるものであった。つまり、とくにイギリスのマーシャルやジェヴォンズ流の新古典派経済学の場合、出発点として「経済的欲望」（効用）がそこに実在するものとされ、その心理的事実を基礎にして経済学が展開されることになる。これを克服しようと企てるのがカントの認識論であると位置づけられた。先の引用とは少し異なる角度からの赤松の要約を拾ってみよう。

経験や事実に先きだった先験的形式（アプリオリ）によって、経済学の全体系の骨組みが与えられねばならない。赤い眼鏡でみれば赤い世界が成立する。しかし、その世界は実在するものではない。経済学の眼鏡すなわち先験的形式は貨幣概念であり、この眼鏡を通してみるとき、一切は経済現象として認識されるのだという。（赤松 一九七五：二〇）

福田はカントや新カント派の著書を大量に読破して反論したけれど、論争は噛み合わなかった。「一方、左右田の観念論と論理主義、他方、福田の実在論と心理主義との間には容易に超ゆることのできない断層があることを想わしめた」と赤松は書いている（赤松 一九七五：二〇）。論争を挑まれた福田は、大量の哲学書を読破したものの、適切には反論できなかったと、赤松は振り返っている。

若い学生たちには、日本人同士の間の熱のこもった論争を身近に経験して、それぞれの思考を揺り動かして覚醒させるような刺激になった。東京帝国大学で政治的な動きをする新人会が誕生する一方で、東京商大では「純理の会」を結成し、学生たちは自分たちを理論的に位置づけようとした。左右田ゼミの杉村広蔵、三浦ゼミの村松恒一郎、福田ゼミの大熊信行、宮田喜代蔵、赤松要が参加していた。会での報告は、マルクス理論か左右田理論に関するものが多く、弟子たちの間で論争になることもあったという。赤松はもっぱら、マルクスの唯物史観をとりあげていた。

純理会の大物とされた杉村広蔵は、左右田理論を継承するものとして東京商科大学に残っていたが、いわゆる白票事件で一橋を去り、戦後に早世した。白票事件とは、一九三五年に杉村が提出した学位請求論文が教授会出席教授の四分の三以上の賛成を得られず（白票が七でちょうど三分の一で）否決されたため、白票グループを糾弾する運動が起こるなどした事態をさす（『一橋大学百二十年史』）。この問題に関して、赤松は杉村について「彼の白皙の相貌は師の左右田先生を想わしめるものがあり、その理論は明晰であったが、策士的な実行力もあり、それが白票事件をひきおこし、前途洋々たるものとおもわれた彼の学究生活につまづきをひきおこしたのであった」と述懐している（赤松 一九七五：二二）。

他の純理会のメンバーもみておこう。大熊はすぐれた直観力をもっており、卒業後に唱えだした「配分原理」はイギリスの経済学者A・C・ピグー（Arthur Cecil Pigou, 1877-1959）らに先行するものであった。宮田喜代蔵の福田ゼミにおける研究は、ドイツのクナップに始まる名目主義の貨幣論で、のちの金解禁論争における「平価切下げ論」につながっていく。赤松は、戦後になって通貨問題で積極的に発言するようになり、一九七〇年頃には国際通貨の金からの解放を唱えるにいたるが、そのつど宮田の名目主義貨幣論や通貨政策に関する論考を参照していた。

福田徳三はというと、ゼミ生を前にして河上肇批判の手厳しさを緩めなかった。赤松は、ヴェーム－バヴェルク（Eugen von Böhm-Bawerk, 1851-1914）やカール・ディール（Karl Diehl, 1864-1943）などのマルクス批判の文献を読んで、ゼミで報告することを命ぜられた。赤松は、マルクスの労働価値説、剰余価値説、平均利潤率の成立などについて色々な疑問がわいてきた。

かくてわれマルクスにうたがいいでけり

「批判なくして学問の進歩なし」（福田徳三の教訓）

かくして、赤松の卒業論文「マルクスの価値、価格及貨幣論」は、マルクスの批判的研究の色彩の強いものとなった。貧困にあえぎながらマルクス理論に取り組んだけれども、赤松はマルクス経済学者にはならず、むしろマルクス理論の批判者として自己を位置づけるようになる。

東京商大専攻部時代の後半に、赤松に健康上の危機が襲った。一九二〇年八月に赤松は肺尖《はいせん》（肺の頂上）を病み喀血した。微熱が続いて東洋商業でのアルバイトに堪えない窮状に陥ったが、神戸時代の友人の忍頂寺誠一（一九四六年逝去）から翌年三月まで毎月五〇円の援助を受け、何とか卒業論文を書き上げることができた。宮田喜代蔵の援助を受けて赤松は栄養品をとれたが、一時は、卒業論文を書き終えると自分の生命も消え入るような幻想におそわれ、大熊信行に後を頼むと遺言めいたことまで伝えたという。運動不足も加わった胃腸障害を反省して、自彊術《じきょうじゅつ》（呼吸法に注意した体操で、日本最初の健康体操となる）の道場に通い始め、その後終生にわたる健康法になった。二一年三月に、赤松は東京高商専攻部を卒業し、学生時代を終えた。経済学者・赤松要の誕生である。福田ゼミの大熊信行は高岡高商に、梅田政勝は長崎高商に就職した。

第2章　名古屋高商から在外研究へ

1　実証主義的教育

赤松要は一九二一（大正一〇）年四月に、名古屋高等商業学校に商工政策担当の講師として着任した。宮田喜代蔵とは同期の着任となり、神戸高商・東京高商以来のつきあいが続くことになった。宮田の担当は経済原論であった。翌二二年、赤松は教授に昇進した。

学校長の渡辺龍聖との出会いはかけがえのないものであった。赤松は渡辺について、「アメリカで実証主義の心理学を研究した教育者であるとともに、政治家的風貌があった」と評している（赤松 一九七五：二二～二三）。実際、渡辺は、若くして東京音楽学校の校長になったあと、中国に渡って時の袁世凱（一八五九～一九一六、中国の清末から中華民国初期の軍人・政治家、中華民国の初代大統領）の教育顧問を引き受け、それから小樽高商を創立して校長となった。名古屋高商の創設委員長を引き受け、名古屋高商の設立が実現すると、小樽から国松豊（経営学）、高島佐一郎（金融論）、小原亀太郎などの教授陣を引き連れて、名古屋の初代校長として着任したのであった。

渡辺校長の実証主義精神は、日本の実業教育史においてユニークで特筆すべき貢献をなしたとされる。まず、名古屋の模擬商業実践室は、全国商業学校の模範となった。また小原亀太郎を中心とする商品実験室は、氏の灰像実験など独特の方法とともに有名になった。渡辺校長自身は、実験心理室をつくり、実証的な経営心理学の発展を企図した。名古屋高商の実証的教育の方針にはのちに、赤松提案の「産業調査室」が加わることになる。

一九二〇年代の名古屋高商では、優れたイギリス人教師にもめぐまれた。彼らは若くして名古屋に赴任し、学生たちを教え知的刺激を与えただけではなく、離日後も日本経済研究を続けて、海外で数少ない日本の専門家となり、戦後に日本の研究者たちとの知的交流を再開させることになる。まず、G・C・アレン（George Cyril Allen, 1900-82）が二二年から三年間にわたって「イギリス経済史」などを講義した。これは、彼の師であるイギリス歴史学派W・J・アシュリー（William James Ashley, 1860-1927）が、一二年一二月にドイツのハンブルクで行った講義をそのまま上梓したものであった。ただ、アシュリーの『商業教育』（一九二六年）や『ビジネス経済学』（一九二六年）の出版は、アレンの帰国後であった。アレンが関係した日本語版著書には、『イギリスの産業構造：二〇世紀における経済変化』（田宗次郎・山鹿俊一訳、ミネルヴァ書房、一九七二年）、『イギリス経済史講義』（アシュリー著、アレン増補、矢口孝次郎訳、有斐閣、一九五八年）、『日本を考える：イギリスとの比較から』（西山千明共著、講談社、一九七六年）がある。赤松は後任のE・F・ペンローズと親しくなる。

一九二一年頃、赤松の故郷の家で借財がかさみ、全蔵書を売り払って送金したこともあった。いつも俸給の前借りをしたけれど、赤松は八事山に住み、三度引越しをした。法華寺開道山の八畳二間の離屋を「人寰の灯にやや遠く天井の星にやや近き」人仙荘と号し学生を集めて論議し、演劇も行った。とくに有島武郎（一八七八～一九二三）の一場物戯曲「ドモ又の死」の学生の演出は忘れられない思い出となった。深い友情で結ばれて共同生活をしていた無名の青年画家たちが、飢餓による共倒れを防ぐために仲間の一人を夭折する天才画家に仕立て上げようとする筋書きであった。渡辺校長の反対をおしきり、情死した有島の追悼会も催した。

一九二三年には、赤松は腸チフスにかかったものの、学生たちが借金の工面に奔走してくれて、一月余り入院して養生することができた。

赤松が一命をとりとめた背景には、同じ病気で急逝した大西猪之介（一八八八～一九二二）の教訓もあった。大西は左右田哲学の影響を受けた経済学者で『囚はれたる経済学』（東京宝文館、一九二〇年）などで学生に感銘を与えていた。大西は日本社会政策学会のために東京に出張したとき、風邪をひいたのか元気がないということで、栄養をつけるためにと、すき焼きを無理に食べた。それがもとで腸出血を起こし、小樽に戻ってまもなく数え三六歳で他界したと伝えられていた。その翌年あたりの冬に、赤松も風邪に似た症状を発症し熱が下がらなかった。医者の診断は風邪であったが、赤松はただちに流動食をとり、強引に入院した。はたして入院後に腸チフスとの診断がくだったけれども、経過は順調で一カ月余りで退院したのであった。

赤松はマルクス批判者となっていて、社会主義運動に入る意思などはまったくなかったが、当時の「進歩的学者」として学校当局から煙たがられていると感じていた。

国際関係の夢

一九二三年九月に関東大震災が起こった。マグニチュード七・九を記録する大地震で、京浜地帯は壊滅的な打撃を受け、そのニュースは世界中に伝えられた。日本経済への悪影響が直接発生したほか、為替レートの下落（円安）、生産力低下にともなう輸出減少により経常収支が悪化し、国際経済関係にも影響は及ぶことになった。

こうしたおり、名古屋高商は一九二四年三月に第一回卒業生を送り出すことになっていたが、経済界の混迷は容易に打開されそうになく、卒業生の就職口斡旋のために渡辺校長が何らかの策が必要であるとの発案が、一月二〇日の開校記念日に開催された学生の語学大会、国際語学劇の発想につながっていった。赤松がそのために「国際関係の夢」という一幕五場の劇を書き、舞台監督も引き受けた。国際間の民族闘争と労資の階級闘争とが人類の神（ヒューマニズム）に止揚される筋書きであった。『追悼集』用に小出保治がまとめたあらすじを紹介しておこう。劇の登場人物は、イギリス、アメリカ、フランス、ドイツ、中国、日本の資本家と労働者がそれぞれあわせて一二名、それに「人類」一名からなり、それぞれの言語で語る構成になっていた。

筋は、ワシントン会議、中国共産党の成立、日英同盟の破棄、英国労働党内閣など微妙な国際関係の中で、敗戦にうちひしがれたドイツが高い理想のクルツール［文化］を抱いて悄然として登場するところから始まる。第一次世界大戦の後始末にあたり、国際間の民族紛争、とくに中国における資源をめぐる紛争では、シンガポールから虎視眈々たる英国を諷し、場面を転じては、万国の労働者の団結を旗印とする労働者と資本家との対立激化の姿をとりあげる。このように人類の果てしない争いのさなかに純白のガウンに身を包み光を浴びて登場する「人類」……の象徴たるヒューマニズムによって、世界は平和の歓喜に満ちて閉幕という弁証法的構想である。（小出 一九七五：二六九）

各言語への翻訳、衣装・考証・メーキャップ、舞台装置には他の教員も協力した。この創作劇は、生涯にわたって赤松の思想の根底に存在し続けることになった。

2　日本からドイツへ

赤松要は一九二四（大正一三）年三月から始まる在外研究の機会を得た。赤松は、「商業学および経済学、商業政策とくに税関倉庫研究のため、満二カ年間、イギリス、ドイツおよびアメリカ合衆国へ在留」を命じられたのであった（赤松 一九五八：五〇、および小出 一九七五：二七五）。彼はのちに「名古屋高商の渡辺龍聖校長は、経済学ではなく、当時はより地味だとみなされていた商業学、とくに税関・倉庫の研究のため外国留学を命ずという辞令を出した」（赤松 一九七五：二四）と書いたが、これは正確ではない。それでも、赤松が、在外中の研究目標を経済政策の学問的基礎づけにおくことを決意し、実際、哲学研究に没頭したことには疑問の余地がない。

赤松は最初の二年と一〇カ月ほどの間、ドイツに滞在した。その時期のドイツは、第一次世界大戦後の天文学的インフレーションは完全に終息した後であった。アドルフ・ヒトラー（Adolf Hitler, 1889–1945）はといえば社会的危険人物として投獄されていた期間と重なっていて、国内では政治的・経済的安定を取り戻し、哲学研究も盛り上がっていた。赤松は二六年四月にイギリスに渡ったときに、初めてヒトラーの名前を耳にすることになる。

赤松は一九二四年三月に白山丸に乗って出発した。台湾海峡にて、神戸の恩師坂西由蔵から無線電信で「森の香かぎにわれもいかまほし」という歌を受けた。ドイツに着いてから、すでに盲目に近かった坂西に返歌をつくることができた。

濃き青の　色はみずとも　南独の　森の香かぎに　われもゆかまほし

赤松は日本を出発する前に、借金を清算するために支給された旅費の一部も使ったので、ヨーロッパへの船旅では二等船室を利用した。当時、文部省は多くの学者たちを海外に派遣しており、彼らは支給どおり一等船室を利用していた。そのため赤松は時々一等のデッキに出かけて、ヨーロッパに向かう日本の学者たちと交流することにした。赤松にとって、法学者の恒藤恭《つねとうきょう》（一八八八～一九六七）と話したことが忘れがたい思い出となった。恒藤は法哲学の立場から哲学に接近していたのに対して、赤松は経済哲学の問題として経済政策の基礎付けを志していたのであった。

また赤松が経済学者であったことを示すエピソードもある。彼は門司で日本円をみな英ポンドに換えていたが、フランスに着岸してから両替しようと考えている乗船客たちも多かった。はたして前年九月の関東大震災の国際収支への影響が乗船した三月頃から現れ始め、マルセイユに着くまでの四十数日の間に日本円は英ポンドに対して二割くらい下落し、日本円をそのまま保有していた人たちは為替差損をこうむったのである。

赤松はマルセイユからスイスのバーゼルを経由して、ドイツのフライブルクに着いた。マルセイユに迎えに出かけた宮田喜代蔵とは行き違いになったが、翌日、フライブルクに戻った宮田と会うことができた。宮田はフライブルクに滞在中で、エドムント・フッサール（Edmund Husserl,

1859–1938）やロベルト・リーフマン（Robert Liefmann, 1874–1941）と交流していた。左右田哲学の影響を受けた宮田は、フッサールのゼミナールに参加し、経済学方法論のジレンマをフッサールの現象学によって打開しようとしていたのであった。宮田はリーフマンの『経済学原論』を翻訳し、一九二七年に同文館より出版した。リーフマンは当時、企業組織の革新とみなされたカルテル、トラスト、コンツェルンを詳しく研究しており、彼の著書の邦訳には、『企業合同論』（竹内謙二訳、有斐閣、一九二〇年）、『企業形態論』（志摩象雄訳、下出書店、一九二二年、増地庸治郎・槇原覚訳、同文館、一九二二年）、『国際企業合同論』（竹内省三訳、巌松堂書店、一九二八年）などがある。

赤松はまもなくベルリンに出て、井藤半弥に会った。天文学的インフレーションは二三年末にすでに終息していた。赤松の到着前から滞在していた日本の研究者たちは、超インフレによる円高の恩恵を受けて、書物をたくさん買いこんでいた。赤松によれば、インフレ紙幣がレンテンマルク（一レンテンマルク＝一兆マルク）とともに流通していて、旧マルクの表示では電車の切符は一五〇〇億マルク、レストランの食事は安くても一兆マルクであったけれど、物価水準の動きは安定していた。日本人たちのこの時期のヨーロッパでの滞在生活はむしろ、関東大震災によって日本円が減価して購買力が減少するという悪影響をこうむっていた。

赤松はベルリンに数カ月滞在した。ベルリン大学でヴェルネル・ゾンバルト（Werner Sombart, 1863–1941）が講義する教室にそっとすわっていたが、その内容は『社会学』（一九二三年）の内容であることに後で気がついた。赤松がドイツで最初に読み始めたのは、ルドルフ・シュタムラー（Rudolf Stammler, 1856–1938）の『経済と法』（一八九六年）であった。シュタムラーはすでに引退して大学では講義をしていなかった。シュタムラーがカント主義の観点からマルクスの唯物史観を批判していたところに、赤松は興味をもった。赤松はその要点を「経済は法によって『外的に規制された』現象であり、アプリオリとしての法を経済が動かすことはありえない」とまとめている（赤松 一九七五：二六）。

ハルムスの世界経済論

赤松は、ベルンハルト・ハルムス（Bernhard Harms, 1876–1939）の『国民経済と世界経済』（一九一二年）を読んだとき、国民経済法によって世界経済が構成されるとするその構想には、明示されていないがシュタムラーの影響があると感じた。赤松はシュタムラー、ハルムス、左右田哲学に対する疑問を、次のようにまとめた。

このような、いわばカント的思考を一応はみとめるとしても、経済は法律に規制されていながらその新しい動きは新たな法を生み出すではないか、また世界経済法が形成されるのは世界経済の生成に始発されるのではないかという疑問を、シュタムラーに対してもハルムスに対しても抱いたのである。それは左右田哲学の場合でも、経済現象が貨幣のアプリオリ［先験性］

によって構成されるとしても、貨幣概念は、やはり経済現象の中から形成されたものではないかという疑問と同じものであった。（赤松 一九七五：二六）（［ ］内は引用者。以下同）

赤松はその頃ベルリンで開かれた日本人の研究会で、シュタムラーについて報告した。赤松に依頼したのは、神戸から来た経済学者の坂本弥三郎（一八九四〜一九八一）で、出席者には我妻栄（一八九七〜一九七三）など法学者もかなりいたという。しかし、赤松の発表に対してつっこんだ質問はなかったとしている。

そのあと、赤松はベルリンからハイデルベルクに向かったのであった。その途中、ワイマールでゲーテの墓を詣でたことは、赤松の脳裏に鮮やかな記憶として残ることになった。

3　ハイデルベルクでの研究

赤松はハイデルベルクに移って、ハイデルベルク大学で新カント派のハインリッヒ・リッケルトやヘーゲル学徒ヘルマン・グロックナー（Hermann Glockner, 1896–1979）のもとで哲学を研究した。ハイデルベルクに到着するや、赤松はリッケルトの私邸を訪ねた。紹介状を持たなかったが、リッケルトは快く面会してくれた。

赤松はリッケルトの講義を聴き、彼のゼミナールにも参加した。リッケルトが講義していた教室は、それより一〇〇年ほど前にはG・W・F・ヘーゲル（Georg Wilhelm Friedrich Hegel, 1770-1831）も講義で使用したことがあったと聞かされ、赤松は古い歴史を感じたのであった。リッケルトのゼミナールには、五、六人の外国人（日本人）哲学者も出席していた。ゼミの帰り道でコーヒーを飲みながら、ゼミでの論点を話し合ったところ、誰もよく討論のやりとりを理解していなかったようで、ドイツ語の力が足りないことが悔やまれたという。

グロックナーはリッケルトの門下で、赤松と同い年の二九歳で、当時は私講師（プリヴァト・ドツェント）であった。グロックナーは新カント主義を抜け出し、ヘーゲル全集（グロックナー版）の編集者、ヘーゲル学徒として知られるようになっていた。グロックナーのゼミでは、ヘーゲルの『精神現象学』（*Phänomenologie des Geistes*, 1807）がテキストとして用いられた。正規のゼミは、グロックナーが解説を進め、一〇人ばかりのドイツの学生がする質問に応える形で進められた。そこでは日本人は赤松一人であった。グロックナーは四、五人の日本人有志の希望に応えて、大学外で非正規のゼミを開き、ヘーゲルの政治学論集を解説してくれた。その少し前には、哲学者の三木清（一八九七～一九四五）がハイデルベルクに滞在しており、三木の明敏さ、三木が哲学をよく理解したことについては、リッケルトは赤松たちに好感をもって伝えていた。

ハイデルベルクでは一九二五年頃、医学畑から哲学に移ったばかりのカール・ヤスパース（Karl Jaspers, 1883-1969）が講義をしていた。ヤスパースはのちに実存主義者として有名になる。赤松はその講義にも出てみたが、当時はさっぱりわからず、また時間を傾注する余裕もなかった。

ルヨ・ブレンターノと福田徳三

一九二五（大正一四）年七月には、赤松の師の福田徳三夫妻が、福田の師ルヨ・ブレンターノ（Lujo Brentano, 1844-1931）を訪問するためにドイツにやって来た。フライブルクにいた宮田喜代蔵が国境のストラスブルクで夫妻を出迎え、赤松はカールスルーでミュンヘン行き列車に同乗し、福田政勝がシュトゥットガルトで合流し、福田の弟子、ブレンターノの孫弟子が三人そろった。八一歳のブレンターノがミュンヘン近郊のキーム湖畔のプリーン駅で待っていた。ブレンターノと福田は二五年ぶりの再会であった。

プーリン〔ママ〕の　小さな駅の　かきごしに　ブレンタノ福田　手をとるみつつ
そのときに　夕日あかあか　てりたれば　両先生の　顔かがやきて

ブレンターノ邸で、弟子も孫弟子たちもみな晩餐のご馳走にあずかった。ミュンヘンでは、福田とともに、スタールベルク湖のほとりに住む統計学者のゲオルク・フィン・マイヤーを訪ねた。青く晴れた空と輝く太陽のもと森と湖がおりなす光景のなか、マイヤーの孫娘たちと湖面にボートを浮かべたシーンは、おとぎの国のできごとだったかのような思い出を残した。その後、ミュンヘン駅でベルリンに向かう福田夫妻を見送り、赤松はハイデルベルクに戻った。

同一九二五年秋頃には、法学者の田岡嘉寿彦らと三人でスイスからイタリアへ旅行し、歌を作りつつ楽しんだ。その頃のイタリアは（のちに独裁者となる）ベニート・ムッソリーニ（Benito Mussolini, 1883-1945）が政権をとって間もない頃で、治安がよく、安心して旅を楽しむことができた。

ピサにきて　斜塔みし夜の　小さなる　白蚊帳ぬちに　むすぼれし夢（ピサにて）
地下の墓　ひえびえとして　蝋涙の　わが指先に　あつかりしかな
（カタコンブの地下の墓にて）
中世紀　わがいでくれば　地の光り　チチアンの室に　極まりけり（ウイフチ美術館にて）
しめやかに　小雨ふれれば　ゴンドラに　われまぼろしの　ひととおりけり
（ヴェニスにて）

イタリアからハイデルベルクに戻ると、赤松はヘーゲル研究に専念した。リッケルトが「科学としての理想主義的政策」を発表し、ヘーゲルをカント的に解釈して政策科学を基礎づけようと試みていた。それに対して、赤松はこの新カント学派的論文を批判する形で、ヘーゲルを現実主義的方向に解釈して、「ヘーゲルにおいて理性的当為及び当為の科学はいかにして可能か」という論考をまとめ、これをグロックナーのゼミナールで報告した。

ヘーゲル論文刊行

グロックナーが赤松の論考を高く評価し、スュタイン編集のドイツ語専門誌『哲学及び社会学紀要』に掲載されることになった。赤松自身もこの論文を自らの「綜合弁証法」の萌芽をなすものとして捉えていて、次のように要点をまとめた。

政策科学はカント的な理想、あるいは抽象的なゾルレン〔当為〕によって基礎づけられるものではなく、ヘーゲルの「理性的なものは現実的であり、現実的なものは理性的である」という意味において具体的に立脚するものであるとした。政策目標としての価値は永遠の彼岸にあるものではなく、現実動向の彼岸にあるものだと論じた。（赤松 一九七五：三二）

赤松はゼミナールでの哲学論文の報告を見事に成し遂げ、自作のドイツ語論文の専門誌掲載も決まり、「哲学者道」に愛着を残しながらも、満足した面持ちで、一九二六年初めにハイデルベルクに別れを告げた。赤松論文を掲載した雑誌は二七年に発行された（Akamatsu 1927）。当時の日本の社会科学者のドイツでの研究発表としては左右田喜一郎と並んでの快挙であり、のちに宮田喜代蔵は「当時の君の得意と歓喜の姿が今も目にちらつきます」と赤松を回想した（小出 一九七五：二七九）。

4　パリ滞在とイギリス旅行

赤松要は一九二六（大正一五・昭和元）年一月から四月までフランスに滞在した。パリでは福田徳三夫妻と再会し、一九二五年にロシア科学アカデミーの設立二〇〇周年記念祭に参加した話を聴くことになった。ロシアでは、日本の福田、イギリスのJ・M・ケインズ（John Maynard Keynes, 1883-1946）、スウェーデンのエリ・ヘクシャー（Eli Filip Heckscher, 1879-1952）など六人の経済学者を含む科学者たちを世界各国から招待して講演会を催したのであった。福田の講演内容や会合の様子は、『厚生経済学研究』（一九三〇年）に収録された講演記録「経済機構の変化と生産力並に人口の問題――一九二五年モスクヴァに於ける講演と討論――」からうかがえる。スキデルスキーの『ジョン・メイナード・ケインズ』（一九九二年）と池尾の『日本の経済学』（二〇〇六年）第六章には、会議場で福田とケインズが一緒にいる貴重な集合記念写真が収録されている。

最初の財務省での会合の際に、ケインズがまず一時間にわたって「経済的推移」と題する講演を行った。福田によれば、ケインズはまず、労農国ロシアの人々の参考に供する意図をもって、イギリスの経済状態をごく総括的に話した。ケインズの講演の約半分はパンフレット『自由放任の終焉』（一九二六年）に収録されたものであった（池尾二〇〇六：第六章）。

赤松は一九四八年七月の『黎明書信』において、「ソ連での福田徳三博士とケインズ」と題して、二五年のロシア・アカデミーでの国際会議について紹介している。赤松が福田から聞いた話と彼の感想を、「学問遍路」からみておこう。

ロシア学士院［アカデミー］の招きで、ケインズやヘクシャーに会われたこと、ケインズが自由主義の終焉を意味する講演をしたのに対して、福田先生は討論の席でイギリスには大きな「構造変動」がおきているのだという様な批判をされたこと、ご自分の講演を英語で準備していたが、その当日に［ケインズが不参加であったので］ドイツ語で話してくれとの註文でドイツ語に変えたことなどの話を承った。一九二六年頃に、ドイツでB・ハルムスが言い出した構造変動（ストゥルクツァ・バンドルング）という言葉を先生がいち早く取入れられていること、先生の語学力のたしかなことなどに、今更おどろいたのであった。（赤松 一九七五：二二）

ドイツで哲学三昧したのちの赤松は、開放感も手伝い、芸術と文化の都パリでの短期滞在を満喫した。パリでは神戸高商時代の親友の中山正実が画家修行をしていて、サロンへの出展を始めていた。中山のはからいで、赤松は日仏協会主催の仮面舞踏会に招かれ、年来の憧憬が実現した。

せめてわが　生きるしるしに　ひとたびを　巴里に踊らむ　願いなりけり

赤松は濃い緑色の仮装をまとって悪魔メフィストフェレスに化け、中山はウクライナ娘を装った。

まみどりの　メフィストフェレスの　衣きぬ。　Hic Rhodus, hic saltus!

後半の句は当初「萌えよと包むわが憂鬱を」とあったのが、ヘーゲルのせりふ「ここがロードス島だ、ここで踊れ」に置き換えられた。花の饗宴は夜が更けても続いた。中山が紹介したパリ名門貴族の令嬢リレットさんをパートナーとして、赤松も徹夜で踊り続けた。大きな都がこのまま亡んでも、悔いは残らない心地であった。踊り明かした後には言葉で表現できない別れの時がやってきた。

もの言わず　きみとセーヌの　橋をゆき　橋をもどりぬ　別れというに

この舞踏会のエピソードは、赤松を追悼する席で初めて、中山正実によって明らかにされた（小出 一九七五：二七九）。

ヘーゲルのエロス

ドイツの文化と哲学に心酔しきっていた赤松は、パリで歌を詠むときにも、ヘーゲルが『法哲学』の序論に引用した「ここがロードス島だ、ここで踊れ（hic Rhodus, hic saltus）」という諺にこだわっていた。この諺に関連して、ヘーゲルの哲学的情緒とエロスについて、赤松の詳しい解説をみておこう。

この諺は古代フェニシア時代のもので、その頃の地中海のロードス島は繁華な港であり、このきらびやかな都を一度でも訪れることは人々の念願であった。いまある者があこがれのロードス島に来た。いまやお前は理想の境地にある、ここで踊れというのだ。それは現実と理想、ザイン〔存在〕とゾルレン〔当為〕との合一した境地であり、価値が現実のうちにあることを意味している。面白いことにヘーゲルの情緒はこの Rhodus を語呂から Rose と書き換え、ここに薔薇がある、ここで踊れと別の表現をした。（赤松 一九七五：三二）

実は、赤松はそこに、「ヘーゲルの冷淡な論理（ロゴス）の中に咲いたエロス」を見出していて、先のドイツ語論文で引用しようと考えていたのであった。これは、ヘーゲルを読んでいなかったらしい律儀な雑誌校正者が、一般によく知られた諺どおりに断固として修正を加えて譲らなかったため、実現することはなかったのである。

イギリス旅行

赤松は一九二六年三月末から一〇日間だけイギリスを訪問した。飛行機でドーヴァ海峡を越えるという願望は、天候不良のため断念せざるをえなかった。ロンドンのほか、大学のあるオックスフォード、シェークスピアの生家ストラットフォードを旅行した。ドイツではヒトラーの出獄とともにナチスの活動に火がついて、二六年頃からメディアに取り上げられるようになり、イギリスにも伝わっていた。

赤松は、イギリスにおいて、同政府が前年の二五年に旧平価での金本位制への復帰を行っていたこと、経済学者のJ・M・ケインズがこれに反対していたことを知った。さらに、ポンド為替レートの上昇がイギリスの輸出、とくに労働集約型産業の石炭の輸出を減少させており、それが賃金の下方への圧力となっていたので、史上初めてのゼネラル・ストライキが準備されていると聞かされた。

赤松は、アメリカには渡らないで、ヨーロッパからすぐに日本に帰りたい持ちが強くなってきていた。彼には、「アメリカの新開地的な実利主義的な空気に攪乱されることを忌避する気持ち」があった（赤松一九七五：三三）。しかし、名古屋高商の渡辺龍聖校長から改めての渡米の命令がくだり、不足していると伝えていた旅費も追加されたので、赤松は一路アメリカに向かうほかなかった。一九二六年四月初めにニューヨーク行きの船に乗り込んだものの、赤松は船室にヘーゲルの『精神現象学』を持ち込むほどドイツに後ろ髪をひかれていた。それでも大西洋上の船の中まで、イギリスでゼネラル・ストライキが発生したというニュースが飛び込んできたとき、現実の経済問題が大きな圧力となって赤松の脳裏に割り込んできたのであった。

5　アメリカ訪問

名古屋高商の渡辺龍聖校長は、是非、ハーバード大学の新しい教育方法としてのケイス・メソッドを観察してくるようにと、赤松要に命令したのであった。一足さきに同ビジネス・スクールを見学した宮田喜代蔵が、始められたばかりの新教授方法を研究して校長に伝えていたのであった。赤松はニューヨークでは、同窓で神戸高商から派遣されていた福田敬太郎（一八九六～一九八〇）に迎えられ、まもなくボストンのケンブリッジに着き、福田のアパートに滞在した。福田はといえば、経営大学院の授業に出席して毎週研究レポートを作成するなど、アメリカの大学院生たちとともに熱心に勉強に励んでいたのであった。

ハーバード・ビジネス・スクールでのケイス・メソッド（実例教授法）は、ロー・スクール（法科大学院）の判例批判からヒントを得たものであった。赤松は、「会社の設立とか、ある商品の販売価格の変更とかの実例から教授用のケイス［実例］が作成され、それを教室において学生の討議に付するものである」と説明している。M・T・コープランドの授業を見学した赤松は、学生たちが繰り広げる活発な討議の様子にやや驚いた。そして、赤松も宮田と同様に、日本にも導入すべき教授方法であると感じたのである。

赤松は経営と経済学の大学院レベルの研究施設である経営研究所と経済研究所にも興味をもっ

た。当時、経営研究所では、実業界と密接な提携をしてデータを収集し、小売業について規模の大きさによる経営費の変化を研究し、それをもとに業種別の最適経営規模を発見することを課題としていた。経済研究所は、当時は景気バロメーターを作成し、金融、証券、工業製品の（価格の）動きを代表する三線による景気図を発表していた。

ケイス・メソッドやこれらの実証的調査研究所を見学するうちに、ハーバードの実証研究をヘーゲルと関連づけるひらめきが赤松に起こった。ヘーゲルをカントに対比して、次のように述懐した。

　カントでは先験的に認識の形式や範ちゅうが与えられており、概念の枠は経験をまたずして組立てられている。しかるにヘーゲルの精神現象論では、意識に与えられた最も単純な直観から一歩一歩より高い意識が浮び上り概念に結成されるのである。いまわれわれの立ち入ろうとする経験科学としての経済学は先見的な概念から発足すべきでなくして、経験に与えられた直観的事象から始発さるべきではないか。この経験における直観的事象を把握し、そこから科学的な概念の構成に進む路こそまさにこの調査研究所ではないか。出来上がった概念としての書物を読むだけでは新しい学問の発展はありえないではないか。……ハーヴァ《〔ママ〕》ードの実証主義は、まさにヘーゲル的思考の枠の中にあったのである。（赤松 一九七五：三四）

赤松は調査研究所そのものを日本に導入するという着想をもって、日本への土産ができたと考えた。赤松は、六月にはマサチューセッツ・ケンブリッジを発ち、バッファローからナイアガラの滝を見物することにした。対岸のカナダにわたると、久しぶりにビールを味わうことができた。当時のアメリカでは禁酒法がしかれていたので、ドイツのビール、フランスのワイン、イギリスのウィスキーなどを嗜んでいた赤松にとって、アメリカは「あじけなき世界」と感じられた。

第3章　産業調査と雁行形態論

1　産業調査室の設置

一九二六（昭和元）年七月に日本に帰るやいなや、赤松要は名古屋の渡辺龍聖校長に「産業調査室」設置を進言した。これは校長の実証主義教育に完全に適合していたので、言下に承認を得た。助手は二人で、当時としては進んでいた電動式計算機などがすぐに備えつけられた。赤松が調査主任となり、宮田喜代蔵、郡菊之助《こおりきくのすけ》、酒井正兵衛たちが参加することになった。

研究テーマはというと、ハーバードの経営分析を意識することになった。まずは、日本の紡績企業を選び、その考課状（ビジネス・レポート）を集め、経営学者の国松豊（一八八〇～一九六四）の協力を得て、標準的な貸借対照表と損益計算書を作成し、六十数社について比較計算を行った。それらの成果は名高商産業調査室報告として、一九二八年以来、数次にわたり発表され、関連分野の専門家たちから色々な意味で注目された。そのときの反応と評価の一つを、赤松は多少苦々しげに次のように書きとめている。

その当時、経営分析という言葉なり学問なりはまだわが国ではもちろん、外国でもいまだ萌芽の時代であっただけに、学界に対する衝撃は相当であったが、結果は［東京空襲で亡くなった経営学者］増地庸治郎教授［一八九六〜一九四五］が言ったように「労多くして功少なきものであったろう。（赤松 一九七五：三五）

この調査研究の方法は羊毛業にも適用されて、赤松の雁行形態論につながってゆく。赤松は、日本において社会科学の経験的研究を開始するという先駆的な貢献をなしたといってよい。

赤松が帰国する前年の一九二五年から、E・F・ペンローズ（Ernest Francis Penrose, 1895-1984）が名古屋高商で教えていた。ペンローズは、ケンブリッジ大学の経済学者たちD・H・ロバートソン（Dennis Holme Robertson, 1890-1963）とオースティン・ロビンソンの勧めでイギリスから日本にやってきた。彼は三〇年までの五年間を名古屋で過ごし、のちにアメリカにわたってプリンストン大学の教授などになり、戦後は時おり日本を訪れては名古屋に滞在していた。ペンローズは産業調査室で計算機を回すようになり、一連の農業生産数量指数のデータを作成して有名になる。農業以外では、林業、漁業、鉱業、工業の全生産数量の指数の作成が、有能な助手であった小出保治によって行われた。彼らの仕事は同校の紀要『商経論叢』に掲載され、「名高商生産数量指数」として内外の研究著作で利用されるようになっていく。

赤松が注目したハーバードの景気・バロメーターや三線景気予測図は民間研究所によって作成されることになった。一九二二年に三菱合資会社に資料課が設置され、三二年に会社から分離・独立して、財団法人三菱経済研究所が設立された。同研究所は広く社会公共の利用に供するため、日本企業の経営分析を大規模に行って、日本における代表的な経済調査機関として知られるようになる（財団法人三菱経済研究所 URL http://www.meri.or.jp/）。

名古屋商大では一九二〇年代から三〇年代にかけて、統計学・確率論の専門家の成実清松（一八九五～一九七七）が、英米の数学者による経済学書に興味をもち、日本における数理経済学の導入に一役買ったといえる。成実は、イギリスの数学者A・L・ボウリィの『経済学の数学的基礎』（一九二四年）の効用理論の章や、アメリカの数学者G・C・エヴァンズの『経済学への数学的入門』（一九三〇年）を抄訳するなどして発表していた（池尾一九九四、二〇〇六）。統計データが与えられると、データとデータの関係が数式で表現されることが多くなり、経済研究に統計学や数学の知識の導入が進んでいく。

2 ヘーゲル哲学と「第三の窓」

赤松要は、名古屋に開いた産業調査室を「第三の窓」と呼んだ。大学は三つの窓から学問の光を摂取しなければならないというのが、赤松の着想であった。「第一の窓」は図書館あり、そこには書物や学術雑誌など既成の学問が保蔵されている。「第二の窓」は主に自然科学における実験室や天文台などが対応させられた。赤松は、自然科学では、この窓からは学問以前の直観的事実が摂取され、それが概念の構成につながっていくと考えた。そして、自然科学分野での新たな発見は多く実験や観察という窓を通じて行われ、学問の進歩をもたらすとした。この分野の場合、図書館にある既存の学問から新たな着想が生まれてくることもあるだろうが、やはり事実の観察よって基礎づけられなくてはならないのであった。

赤松の三つの窓は、のちにカール・ポパーが『開かれた宇宙』（W・W・バートレイ三世編、一九五六年）などで行った、世界を三つに分類する試みと重なるものがある。ただポパーは赤松と違って、自然科学研究と社会科学研究の方法を区別しなかった。人間の頭脳の産物である書物や専門誌を蔵する図書館がメインとなる赤松の「第一の窓」は、ポパーの「世界1」と「世界3」の両方に属する。ポパーの「世界1」は物理的実在の世界であり、岩、木、諸力の作用場であり、その点では、書物、専門雑誌、図書館も同様の物理的特性をもっている。例えば、ある一冊の本はある空間を占めるので、二冊の本が同じ空間を占めることはない。しかし、物理的に同じ内容の本が、読み手が異なれば、論理的整合性、情報内容の点などで評価が異なりうるのが、「世界3」の特徴となる。推論、理論、探求すべき諸問題など抽象的なものがポパーの「世界3」に属する。ポパーの「世界2」は、過去の研究蓄積を紐解いて思考する心理的過程をさしている。赤松もポパーも、研究行為や科学的行為そのものを特徴づけようとしたのである。

赤松は、従来の大学での自然科学研究には、図書館と実験室という二つの窓が開かれていたが、社会科学研究には、図書館の窓だけしかなく、社会現象の直観的事実を観察する窓はなかったと考えた。名古屋の産業調査室は、統計数値を加工することによって、直観的事実から何らかの法則性や傾向なりを発見することを目標としたのであった。

赤松が自負したとおり、彼の「第三の窓」は、日本において、二〇世紀半ば以降に大きく展開する計量経済学の応用研究や社会調査など実証研究一般の草分けになったことは間違いない。そこから、屈指の計量経済学者となる山田勇（一九〇九〜八六）が育っていき、戦時中には赤松部長率いる南方総軍軍政総監部調査部に加わり、そして第二次大戦後にアメリカの計量・数理経済学の拠点コウルズ委員会に滞在する最初の日本人となる。

赤松は産業調査室で自ら計算機を回すことがある一方で、自宅ではヘーゲル論文を書いていた。イギリスから来たペンローズには、赤松の両刀的研究態度が不可解に映っていた。しかし、赤松はヘーゲル哲学の具体性が実証研究にまで浸透しうることを信じていた。

綜合弁証法の始まり

一九三一（昭和六）年一一月、ヘーゲルの死後一〇〇年を記念して最初の著書『ヘーゲル哲学と経済学』を出版した。赤松自身、綜合弁証法の体系が次第に成熟してきたと感じていた。赤松は、「純理経済学と心理主義」（一九二七年）において、左右田喜一郎の経済認識論を批判しており、同論文は改訂されて、『ヘーゲル哲学と経済学』に巻頭論文として収録された。赤松の講義を聴いて名古屋高商産業調査室の助手になった小出保治は「先生の綜合弁証法への階梯として見落としてはならない業績であり、赤松経済学の基礎理論として、先生の第一声の一つは朧気ながらも実現されつつあることを知らされたような気がした」（一九七五：一八二）と書いている。

赤松自身も一九六八年に、一九三一年に『ヘーゲル哲学と経済学』を書いてから次々に出した著書は前の著書の変形であり、展開であったと位置づけ、一つの自分の道を模索しながら歩いてきたと、次のように振り返っている。

それは綜合弁証法という羅針盤であり、始発動因としての実証研究と規制的動因としての理論研究との導索を備えていた。そしてそこから発展と循環と構造との経済政策の体系が生まれてきた。またそこから世界経済の異質化と同質化の歴史的法則性が把握された。（赤松　一九七五：六八）

赤松の「綜合弁証法」は実際のところ、日本経済や産業の分析、広域経済論といった応用経済学分野での議論を通じてより明快な形式に整えられてゆき、また弁証法的に発展していくようにもみえる。それゆえ、綜合弁証法に支えられた応用分析を通して、赤松の綜合弁証法に迫っていくことにしよう。

3　雁行形態論の誕生

赤松要の産業発展の雁行形態論は、日本人の発明した理論のなかでは群を抜いて引用頻度ナンバーワンである。それは、産業調査室の研究から得られた大きな成果の一つであった。

名古屋の尾西地方が日本の毛織工業の中心地であったので、羊毛工業の研究が当然のごとく産業調査室の仕事になった。赤松は、羊毛工業について、企業経営や貿易の動向、歴史的発展などの諸観点から調査した。彼は、中小の工場を一つひとつ訪問しての聞き取り調査などを実施して草分けとなる実証研究を行ったのであった。もっとも聞き取り調査では、「なんで無駄なことを聞くんだ」「税関の調査か」というような顔つきをされて追い返されるなどつらい思い出も残った。

雁行形態論の論文での最初の発表は、一九三五（昭和一〇）年の「我国羊毛工業品の貿易趨勢」（『商業経済論叢』掲載）においてであった。赤松はまず、明治時代以前からの日本での綿工業と羊毛工業を比較した。綿工業については、明治時代以前から、原料棉花を国内で生産し紡績や職布は手工業や家内工業、家庭内自己生産として広く普及していたので、在来の生産方法と消費基盤に外来の生産方法が接木されたのであった。それに対して羊毛工業については、明治時代以前にはその原料の羊毛も羊毛工業それ自体もほとんど絶無であり、羊毛工業は日本の「繊維工業的国民性と風土の上に全く新に移植せられた」という特徴をもっていた（赤松 一九三五：一三〇）。

羊毛工業貿易の統計的研究をすると、完成品の輸入がまず始まり、明治中期になって羊毛製品の国内生産が新興して輸入は次第に減少し、そのうちに国内での羊毛製品の生産がさらに増加して輸出に向かうという一連のつながりが認められた。そして、羊毛製品の輸入、生産、輸出の時系列グラフを描くと、一つの頂点をもつグラフが連なり、赤松には、空飛ぶ雁の群れが翼で風を切るような「雁行的形態が歴然と看取された」のであった（赤松 一九三五：二〇八）。そのうえ、羊毛製品のなかでも、モスリンの次にサージ類、続いて毛糸が、順次に輸入から国内生産へそして輸出へと、「まっさきに輸入されたものがまっさきに国内生産へ、さらにまっさきに輸出に転換するという傾向、さらに輸出でも池に石を投じた波紋のように、先の輸出品が先頭に輸出地域を近隣地域から遠隔地域に拡大し、後の輸出品がこれを追うような傾向」を発見した（赤松 一九七五：三九）。

赤松自身の一九三五年当時の表現をみておこう。

しかして、すべて一国内に生産が新興しきたることは、多くの場合、当該商品の輸入増加の刺激によるものである。最も多く輸入される完成品、半製品の生産事業に向かつて資本が集中し、生産活動が興りきたることは、条件のゆるす限りきわめて当然である。即ち輸入品の殺到とともに、やがて国内産業がおこつてこれを防遏せんとするのである。かくしてこの産業が国内に発展しきたるときは、またやがて輸出産業に転換するにいたる。……かやうな理由によつて、吾々は一産業における輸入、生産及び輸出の雁行的発展を定式化しうるであらう。（赤松一九三五：二一〇）

赤松はまもなく綿製品についても同様の傾向を見出し、論文「吾国経済発展の綜合弁証法」（一九三七年）のなかで発表した。そして、日本の多くの近代産業の歴史的統計に、輸入、国内生産、輸出の小さな山型カーブが連なっており、雁行形態が見出されるとした。第1図「我国綿業発展の雁行形態」はのちの自著でも引用されているので、ここでも紹介しておこう。

さらに、雁行形態的発展は日本の他の産業において見出されていき、それを一般化すると一国のなかでの産業構造の変化につながっていく。そして、輸入や輸出を通じて一つの国民経済での構造変動は他の国々の経済にも伝わっていき、それは究極的には世界経済の構造変動にもつながっていく。この世界経済の構造変動をもたらす動因として、産業技術の進歩と伝播に光があてられていく。

第１図　我国綿業発展の雁行形態

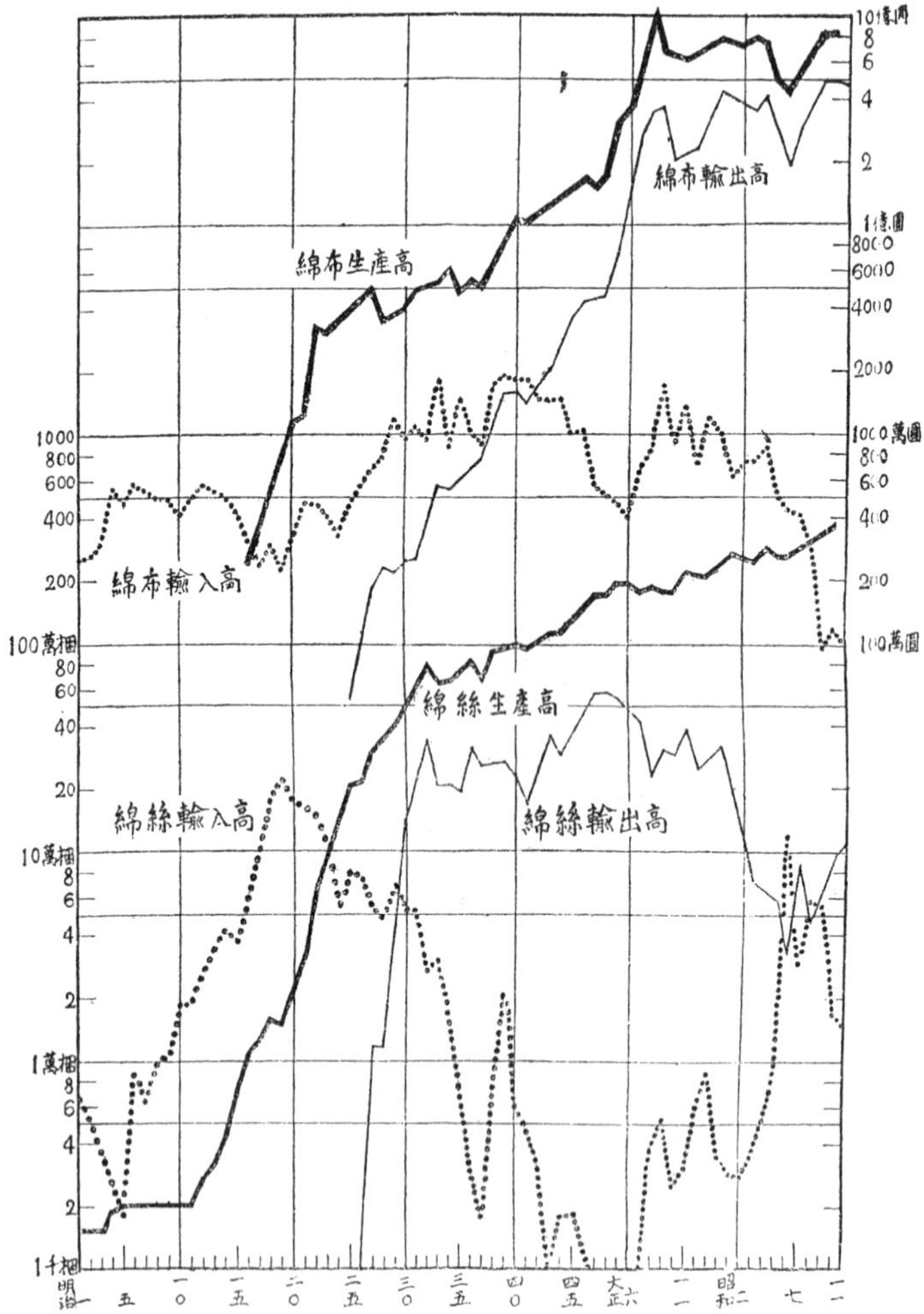

出所：「吾国経済発展の綜合弁証法」(1937年)。

技術進歩と構造変動

ドイツのB・ハルムスが開拓した世界経済論という分野では、つねに構造変動に焦点をおいて世界経済が分析され議論されるといってよい。ドイツ帰りの赤松は一九二〇年代から三〇年代にかけて、「世界経済の異質化と同質化」に着眼し、独自の世界経済論を構想していった。赤松はこれを実証的研究から直接に把握し、工業化が先進国から日本のような後進国に波及していくことなどを観察しているうちに、世界経済が異質的分業から同質的競業に構造変動を起こすことを思いついたのであった。赤松には、雁行形態の理論にしても、世界の異質化、同質化にしても、その根底には矛盾の理論としての弁証法があった（赤松 一九七五：四〇）。

赤松は、世界経済の発展が技術進歩によること、つまり工業化が国境を越えて波及していく際に技術の進歩と伝播がともなうことにも着目した。そして技術変化と結びつく長期波動であるコンドラチェフ波を、彼の世界経済の構造変動論に取り入れていく。産業における様々な革新が長期波動の上昇とともに世界経済の分業化をもたらすこと、また革新された産業が他の国々に伝播することによって各国の産業は同質化し、世界的過剰生産と世界的不況をもたらすこと、したがって長期上昇と長期下降が交替して発生すると彼は把握した。赤松の世界経済論の大綱は、産業調査室での実証研究とともに一九三〇年代にできあがった（赤松 一九七五：四〇）。

赤松の世界経済論が広域経済論を軸としてまとまった形をとるのは、名古屋高等商業学校から東京商科大学に転出してから後のことである。赤松編輯の『新世界経済年報』（商工行政社、一九四一〜四二年）掲載の諸論考、著書『経済新秩序の形成原理』（理想社、一九四四年）や『世界経済と技術』（小島清との共著、商工行政社、一九四三年）は第4〜6章で詳細にみていこう。

4　綜合弁証法の展開と環境変化

赤松要はドイツやアメリカでの在外研究から帰国したのち、夏ごとに、宮田喜代蔵、大熊信行、梅田政勝らとともに、恩師の福田徳三の軽井沢の別荘で会していた。一九二八（昭和三）年には、彼らは大熊の配分の原理を討論した。おそらく大熊の『マルクスのロビンソン物語』（同文館、一九二九年）の要点になるものであったと思われる。大熊は同書で、経済学の中心は、交換理論よりむしろ、時間と労働を含む資源配分の理論にあると捉えたのであった。三〇年代になってからイギリスのA・C・ピグーやポーランド出身のオスカー・ランゲ（Oscar Lange, 1904-65）が経済学における資源配分問題の重要性に注目し始めたので、大熊の先駆性が高く評価されている。

軽井沢での討論の翌朝、彼らは次の歌を合作した。

森の上は真青の空だ
別荘の二階の窓だ

価値討論の翌日だ

赤松の記憶によれば、上の句を彼と大熊がつくり、下の句は福田によるものだという。気心の知れた者どうしが楽しく過ごした様子が伝わってくる。

巨星の墜落

一九三〇年五月、福田徳三は虫垂炎手術後の経過が悪化して帰らぬ人となった。赤松は身体じゅうから気迫がぬけていくような脱力感に襲われた。福田の棺はすでに経済学の星々になった門下生たちにかつがれ、赤松もそのなかにいた。

師がいのち　いま迫まれるか　東海の　春がすみひたに　わが駆けぬくる
大いなる　墓標をめぐり　そこにもここにも　学界の諸星　うなだれ立てり

相前後するが、一九二七年三月に、鈴木商店とそのメインバンクである台湾銀行の支払困難が引き金となって、全国的な規模での金融恐慌が発生した。高橋是清（当時七四歳）が急遽大蔵大臣に就任し、後藤文夫内務大臣に支えられて、この前例にない事態に対処し、四二日間で緊急事態を鎮めてすぐに辞任したのであった。二九年七月に新政権が生まれると、旧平価での国際金本位制復帰（金解禁）に向けて円を安定化させる努力が始まる一方で、経済ジャーナリスト、財界関係者、経済学者の間で、いつ、どの平価で金解禁を実施すべきかについて、大論争が巻き起こっていた。

一九二九年一〇月にニューヨークで株価が大暴落していたものの、それは一時的後退にすぎず、「永遠の繁栄」を信じる者もいたのであった。三〇年一月に、日本は旧平価による金解禁を断行して、いっそう深刻な経済不況に陥り、論争が続いていた。この当時、赤松はヘーゲル哲学と産業調査室での研究に熱中しており、高島佐一郎の金融政策に関する著書を読んだ程度で、金解禁論争には参加しなかったようである。それでも三五年になると赤松は、高島の管理通貨論、宮田喜代蔵の平価切下げ論、購買力平価と国際貿易に関心を寄せ、それらについて新聞や雑誌に寄稿していた。そして四〇年代初頭には広域経済における貨幣・金融問題が研究の視野に入り、第二次大戦後には為替レートや通貨の問題に大きな関心を寄せることになる。

結婚と新しい家族

赤松要の家族にも大きな変化が訪れていた。一九二八年五月に、赤松は宮崎貴子《よしこ》と結婚した。同年三月には、弟の茂が名古屋高等工業学校を卒業して日立造船に就職したので、赤松の負担が軽くなっていたことが結婚の大きな動機であった。故郷の両親は赤松の在外研修中は家族手当によってやや落ち着いた生活をしていたが、帰国後は再び大きな負担となり、俸給の前借は自分の分だけではなく、宮田喜代蔵の分までくいこんでいた。結婚のために家郷に帰るとき、金に窮して、学校小使いの組合から相当の借金をした。それによって、貴子と別府に回り、紫丸で内海を航行して新婚旅行としたのであった（赤松 一九五八：五〇二～五〇三）。

甲板の風　寒むければ　にい妻と　船室（へや）に下りぬ　灯ともれる室に

一九三〇年三月に赤松要・貴子夫妻に長男宏一が生まれた。三二年三月には弟の正章が、名古屋高商に入学し、要たちの家に同居を始めた。三三年四月には長女の晶子が生まれた。三四年六月に母のカズ子が故郷で六〇歳で没し、「労苦の一生」を終えた。要たちは遺骸を前にして涙がとどまらなかった。母の仏前で、父の虎之進たちとともに謡曲「熊野」を同吟したのであった。三五年三月には弟の正章が名古屋高商を卒業して、日本銀行に就職した。それを機に、四月に、父と叔母を名古屋に迎えて一緒に暮らし始め、家族の生活がやや安定し始めた。父は名古屋居住以来、少量の晩酌を楽しみ謡曲の会に加わり、生活が安定したためか、昔とは変わって好々爺になっていた。しかし、三八年三月に、要の父虎之進は六九歳で脳溢血のために急逝し、盛大な葬送の儀に送られたのであった。

綜合弁証法と経済学

一九三〇年代、赤松要の研究活動、執筆活動も進展したが、日本をめぐる国際環境の動きと変化も急であった。

赤松は三一（昭和六）年一一月に著書『ヘーゲル哲学と経済学』を出版したが、その年の九月には満州事変が起こり、日本の対外関係、日本をめぐる国際関係が急激な変貌を遂げ始めたのであった。そして、彼は三七年一一月に『産業統制論』を出版すると、その年の七月に盧溝橋事件が勃発し、当時の表現をそのまま用いれば、「日華事変から大東亜戦争にいたる口火となった」。日本では、主に不況対策のため産業内の民間部門による編成変え、組織化が進んでいたが、三八年以降になると準戦時体制が組まれるようになり、統制経済への道を歩み始めることになったのであった。

赤松は『産業統制論』において、「構造的矛盾」という概念を提示し、従来の景気変動とそのための実施される景気対策がひき起こす「循環的矛盾」と区別した。赤松にとっては、構造的矛盾は容易には止揚されない経済・産業における「ひずみ」であり、それが産業統制をひき起こすのであった。赤松は同書において、綜合弁証法を現実経済の分析用具として適用し、経済変動をひき起こす「矛盾性原理」、またこの矛盾を克服する「同一性原理」、さらに部分と部分との矛盾を止揚する「全体性原理」などを展開し、自らの経済政策論の理論的基礎としていくのであった。

赤松が『産業統制論』において、中小企業組合へのアンケート結果を取り入れたことが注目される。もちろん、名古屋高商の産業調査室の組織が活躍したのであった。赤松は、中小企業の協同活動に注目して、「（民間）統制」の一形態を抽出し、「組合制工業」と名づけたのであった。

赤松の経済学においては、国家が経済過程で果たすべき役割は小さく、一九八〇年頃に登場した表現を用いれば「小さな政府」論者であったことは、強調しておくべきであろう。

第4章　東京商大転任と広域経済論

1　東京商科大学への転任

赤松要は一九三九（昭和一四）年三月に、東京商科大学に転任した。当時の学長であった経済学者の上田貞次郎（一八七九〜一九四〇）が学内に「東亜経済研究所」を附設する構想をもっており、名古屋での赤松の経験を生かせると考えたのであった。赤松は、再び「第三の窓」を開く任務をうけおうことになったと考えていた。赤松は、東亜経済研究所が東京商大に設置されるときに移籍し、初代研究部長に就任した。赤松は、経済学者の杉本栄一（一九〇一〜五二）や中小企業論の山中篤太郎（一九〇一〜八一）たちと相談しながらその組織をつくった。研究員は集まったものの、研究員は研究所の研究計画に手足のごとく織り込まれるのか、あるいは研究員それぞれの研究が研究所の成果となるのか、調査研究の方法論ともいうべきところで、大きな問題にぶつかった。なかなか容易にはことが運ばない様子を見ながら、東京商大に比べると、名古屋の産業調査室は小所帯であったと感じられた。

おりしも上田学長は虫垂炎の手術が悪化し、奇しくも福田徳三の死から一〇年後の同月同日（一九四〇年五月八日）に同じ病院で急逝した。学長は会計学者（でのちに政治家となる）高瀬荘太郎（一八九二～一九六六）が引き継いだ。

赤松は一九四〇年五月に、山中篤太郎と協力して、日本経済政策学会を創立する大会を一橋講堂で開催した。「当時、理論と実践にわたり経済政策の科学的研究が急務とされたうえ、経済政策研究者のための学会がなかったので、日本学術振興会第二三（中小工業）研究委員会に関係した東西の研究者の主唱の下で、原則として研究者すべてに開放された日本経済政策学会が三〇六名の参加を得て急速に結成された」（『日本経済学会連合ニュース』一九七四年など）のである。赤松は創立大会で、綜合弁証法による経済政策の方法論を発表した。第二次大戦中には学会活動は中断を余儀なくされるものの、四八年には再建され、その時々の経済政策が年次大会の共通テーマとして議論されていくことになる（池尾編 一九九九：第一章）。

戦時中には、産官学による共同の調査や研究がいくつか進められていたが、横の連携がなかったことが、のちの研究により明らかにされている。赤松要の場合には、本書第7章でみる陸軍参謀本部秋丸機関の調査、南方経済資源調査に参加したほか、商工省（およびゼミナールの学生たち）との協力による貿易実態や貿易政策に関する調査や研究を行っていたことが注目される。その研究成果は『新世界経済年報』に発表されており、とりわけ第五輯と第九輯は見逃してはならない（高弟の小島清氏は二〇〇六年一二月にその研究の意義と重要性を筆者に伝えられた）。たしかに、『新世界経済年報』の二つの号は、大戦突入前夜の日本の世界貿易の状況を伝える貴重な歴史的資料ともなっていて、詳論に値する。

2　『新世界経済年報』第五輯

赤松要は一九四〇（昭和一五）年頃には日本貿易研究会を主催し、年に数回発行された『日本貿易年報』（商工行政社）の刊行に関与していた。四〇年九月二七日に日独伊三国同盟が締結され、日本の対外関係に極めて大きな変化が生じることになった。日本の貿易の動向を把握するにあたっても視点の大転換が必要になった。そして、日本ならびに東アジア経済を中心として世界経済全体の動向を観察するという視点が採用されることになる。『日本貿易年報』は第五輯から『新世界経済年報』と改題され、赤松が編集の任にあたることになり、ゼミの学生たちも協力して資料や統計の蒐集、編集作業を手伝ったのであった。貿易の最新データを分析して、条約締結が今後の貿易の展開に及ぼす影響を考察しなくてはならなかったのである。

『新世界経済年報』第五輯の表紙、扉の頁を繰ると、次の頁に、日独伊三国同盟の条約が成立したことを悦ぶ天皇の詔書が掲げられ、その意味の大きさを伝えている。ヨーロッパで新秩序を

『新世界経済年報』

築こうとするドイツとイタリアとの提携協力を進める条約を結ぶことによって、日本を含む東アジアと、ドイツ、イタリアとの間の貿易も断ち切られていく。日本を工業国として支えるためには、石油や鉱物資源、ゴムを輸入することができ、また日本の工業製品などを輸出することができる地域を確保しなければならなかった。

赤松の広域経済論を理解するためには、その発端でもある一九四〇年頃の彼の経済認識を見ておく必要がある。『新世界経済年報』第五輯にある彼の序文から引用しておこう。

世界は今激動しつつ古きものを破り、新しきものを生む悩みのただ中にある。三国同盟の結成は東亜と欧州とにおける二つの変革闘争を連結し、新世界創建の一つの理想にその焦点を見出した。しかし、この理想の実現過程は容易でなく英米資本主義国の世界支配は、その根底いま揺ぎながらも、なほ牢固たるものがあり、世界の隅々におけるその抵抗はあなどり難い。よくこの現実を直視して空疎な主張に陥ることなく、しかも理想を堅持して着実な方途に出でねばならない。

われわれは三国同盟によつて浮出しきたつた世界の新旧二つの大陣営がその経済上の最前線において如何に戦ひつつあるかを詳さに観察しなければならぬ。既にこの二大陣営は経済戦争の形において熾烈なる闘争を開始してゐる。これわが日本貿易否な日本経済全体の直面する難題であり、これが如何に突破さるべきかは朝野をあげて深慮すべき重大課題である。

本序文は一九四〇年一一月一九日に新京（吉林省・長春）への旅客機上にて書かれており、第7章でみる秋丸機関の調査がすでに始まっていたことがわかる。赤松編輯『新世界経済年報』第五輯は四つのパートから構成されており、第三部では、商工省貿易局第二部長の豊田雅考が第一章「輸出原材料の配給問題と輸出統制」を、同第一部長大島永明が第二章「貿易に於ける計画性の強化」を執筆した。第四部では、「日満支経済建設要領骨子」、「日独伊三国同盟条約」が解説され、「主要国関税及輸出入規則」の最新版が収録された。

3　世界新秩序と広域経済

一九四一（昭和一六）年発行の赤松要編輯の『新世界経済年報』第五輯の第一部は、「三国同盟と広域経済の新段階」である。

第一章「世界新秩序とわが広域経済」では、複数の広域経済の形成につながる世界新秩序の生成の必要性・必然性が、赤松の綜合弁証法に基づいて、やや抽象的な形で表明される。赤松は、世界経済の同質化と重商主義、世界経済の異質化と自由貿易主義、世界経済の再同質化と新重商主義という展開で、技術の伝播を軸に経済思想の流れを交えて、世界経済の変転を捉える。そして、世界経済は次のようにして同質化を打開して再異質化の途をたどろうとするのである。第一の試みは高度異質化で、その形態は、産業的高度異質化（重工業、化学工業、精密工業など）、品質的高度異質化（同一産業部門においての高級品化）、品種的高度異質化（同一用途における、人類の欲望向上の方向に適合する品質や品種の改良）、生産方法の高度化（低賃金に援護された後進国工業の進出に対抗する生産方法の合理化）の四つに分けられる。こうした高度異質化は、民間企業の不断の努力によって行われていく。

発展的後進国は消費財部門の自己生産を始めるとともに国家保護政策の援助の下にその品質

を高度化して先進国を追跡する。さらに輸入生産手段の自己生産を始め、模倣的機械の生産より、自国に適合せる独創的機械の生産に高度化し、こゝにおいても先進国に匹敵しやうとする。かくして、後進国産業は単に自己国内市場のための生産のみでなくして、輸出産業として進出し、後進第三国市場において相克することゝなる。（二一六頁）

赤松は続いて、日本の産業の数量史的研究で発見した雁行形態的発展論を、ドイツやアメリカなどにもあてはまるものとして一般化して捉え、他方で後進国産業の追随からは逃れられないので、高度異質化だけでは経済同質化を打開できないと分析してゆく。

　後進国産業が完成財の輸入よりその自己生産へ、また生産手段の輸入よりその自己生産へ、国内的産業より輸出産業へ、低質品産業より高質品産業へ発展する過程をわれわれは産業発展の雁行形態と呼び、これは現在先進国たるドイツ、アメリカなどの通過せる過程であり、またわが国が登りつゝある道程である。しかして、我国の後ろには東亜の諸国が徐々にこの道をのぼりつゝ追跡してきたところである。……既に今日においては先進工業国……が相互に異質的距離を確保すること容易のことでなく、またこれら諸国は徐々に後進国産業の勃興に悩まされつゝある。（二一六～二一七頁）

第二の同質化打開の試みとしては国際カルテルがあり、販路カルテル、品種異質化などの仕上げカルテルなどがあるものの、経済的民主主義には抵触するので、成立しにくいとされる。続いて第三の試みは、政治的協定による自由貿易製への復帰であり、第一次欧州大戦後に設立された国際連盟によって希求され、数次の国際経済会議のめざすところであった。しかし赤松は、「この国際協定の企図は明らかにイギリス、フランス等の先進国工業の衰頽を現状に維持せんとする目的に出づるものであり、新興産業国の利益に相反する」と分析した。

かくして、第四の試みである広域経済の新秩序が、世界経済異質化の方法として残されるのであった。一九三二年のオタワ会議において、特恵関税などの政治的手段によって、イギリス本国が必要とする重要資源を領土内にそのまま保持し、またその製品の販売市場の多くを領土内に保持しようとしたとみなされる。赤松は、オタワ会議においてイギリス帝国のブロック経済的性格が明確になり、世界の四分の一にわたる陸地に政治的障壁を設け、この帝国ブロックがドイツ、イタリア、日本などのいわゆる持たざる新興諸国の経済域を圧縮することになったとした。イギリスは、ブロック外に対して高関税の障壁を設け、ブロック内においては自由貿易に近づくことを理想とするとしながら、ブロック内の産業を適地的業主義の方向に進めて不必要な同質化を避けて（競争を回避し）、国際分業の利益を享受しようとすると分析されている。

さらに、日本はそれまで、アメリカと密接な貿易関係を持ってきており、アメリカの原料ならびに重工業に負うところ大であった。しかし、それも絶たれたのであった。

われわれの目前する大東亜の現実は……英米資本主義の浸透せる桎梏の下にある。高度工業国としてのイギリスの広域圏とアメリカ広域圏とが二重的に交錯し、その資本主義的利益は東亜後進国を押しつゝみ、三国同盟の結成以来、いよいよその陣営を固めつゝある［。］これはアメリカのわが国に対する禁輸として、また蔣［介石］政権の援助として現はれ、イギリスはその資本的威力をもつて南洋資源の日本向け輸出を妨害してゐる。これらはみなわが国に対する経済戦争であり、きたるべき武力戦争の前哨戦たることを思はしめる。（赤松 一九四一：三六〜三七）

4　日本の世界貿易

赤松要編輯『新世界経済年報』第五輯（一九四一年）の第一部、第二章「世界市場の争奪戦とわが貿易政策」では、日本と英米との経済戦争の展開を中心として、主として日本と南方経済圏との貿易が分析された。

オランダ領インドネシア（蘭印）の対外貿易については、第1表「一九三九年度オランダ領インドネシア輸出入国別表」から見てとれるように、対アメリカ、オランダの貿易額が、対日本の貿易額を上回っていた。オランダはインドネシアとは深い関係を結んでいたのであるが、アメリ

第１表　1939年度オランダ領インドネシア輸出入国別表 (単位：1,000盾)

国　別	輸出	%	輸入	%	合計	%
アメリカ	146,817	19.7	68,742	13.6	210,559	17.5
オランダ	109,470	14.7	96,827	20.6	206,297	17
シンガポール	124,712	16.7	33,480	7.1	158,192	13
イギリス	24,181	4.6	33,308	7.1	67,480	5.6
日　本	25,488	3.4	85,001	18.1	110,987	9.1
総　額	745,818	100	469,718	100	1,215,526	100

注：南洋協会発表により作成。
出所：赤松要編輯『新世界経済年報』(1941：39)。

カが著しい勢いでこの地域に進出していた。ヨーロッパでの戦況から、対オランダ貿易が止まり、インドネシアは工業製品や化学製品を別の国から輸入しなければならなかった。ドイツとイタリアとの交易は、イギリスによって遮断されていた。インドネシアからの重要輸出品は、煙草、錫、石油、ゴムなどであった。

マライ（現マレイシア）貿易をみると、イギリス帝国が数百年にわたって築き上げてきた勢力は強靭であり、にわかには崩れがたい感が強い。第2表「一九三九年度マライ輸出入国別統計」を見ると、いかにイギリスとアメリカの勢力が強いかが明瞭になる。総輸出入額では、第一位がイギリス（三〇・六%）、アメリカ（二四・七%）、インドネシア（一七・一%）、タイ（八・七%）で、日本は五・六%にすぎない。マライの貿易全体が輸入超過で、輸出については対アメリカが四割強を占め、対イギリスは輸出・輸入ともに約三割を占めることが特徴的である。マライからの輸出は、ゴムと錫が圧倒的に大きな割合を占める。アメリカの錫とゴムの需要は全面的にマライとインド

第2表　1939年度マライ輸出入国別統計　（単位：1,000ドル）

国　別	輸入	%	輸出	%	総輸出入	%	出入超
イギリス帝国	214,575	24.2	207,110	27.6	421,685	30.6	－7,465
日　本	12,480	2	64,257	8.6	76,738	5.6	51,777
アメリカ	18,306	2.9	321,985	42.9	240,291	24.7	303,679
オランダ領インドシナ	194,294	30.9	40,915	5.5	235,160	17.1	－153,379
タ　イ	105,528	16.8	14,410	1.9	119,938	8.7	－91,118
ドイツ	8,188	1.3	7,147	1	15,330	1.1	－1,041
フランス	2,538	0.4	48,535	5.7	45,073	3.3	45,997
イタリア	2,137	0.3	11,987	1.6	14,124	1	9,850
中華民国	25,906	4.1	3,899	0.5	29,805	2.2	－22,007
総　額	628,142	100	750,194	100	1,378,336	100	122,052

注：商工省貿易局：世界主要国貿易統計年表により作成。
出所：赤松要編輯『新世界経済年報』(1941：58)。

ネシアを含む南洋に依存しており、また、マライもヨーロッパを市場として失った後はますますアメリカへの輸出依存度を高めていた。四〇年七月には、アメリカはゴム、錫、マンガン等を貯蔵するゴム貯蔵会社と金属貯蔵会社の設立を発表した。

インドの貿易は極めて活発であった。インドの主要貿易相手国はもともと、イギリス、ビルマ（現ミャンマー）、日本、ドイツ、アメリカであったが、ヨーロッパ戦線の拡大にともなってドイツやイタリアとの貿易量は激減して、インドの対ドイツ輸出がまずゼロになり、インドのドイツからの輸入は急速にゼロに近づいてゆく。イギリス以外のヨーロッパ諸国とアジア諸国との貿易が断ち切られると、アメリカの進出が目覚しいことがわかる。第二次大戦開始前にインドがドイツから輸入していた機械、染料、金属、薬品、ゴム製品等については、その輸入先はアメリカと日本に変わっていた。日本の対インド貿易は一九三九年時点で、日本の輸出が二億二一〇〇万円、輸入が一億八二二六万円で、輸出超過になっている。日本からの輸出では綿糸、綿織物が、輸入では棉花が大部分を占めるという伝統的状態が続いている。しかし、インドの軽工業の発達を見ると、インドの綿工業との相克的関係を避けるために、日本では商品の高級化（あるいは品種別）による異質化政策を樹立することが必要であると、赤松は説く。インドのアーメダバット紡績業組合やベンゴールナショナル商業会議所等が、支那（中国）における日本人管理の紡績工場製品のインドへの流入増加を指摘し、日本が支那経由で送荷するのは、綿布輸出抑制を含む日印通商協定の精神に反すると主張していることも記されている（七三頁）。

ビルマについては、一九三七年にイギリス領インドから分離されたばかりで、貿易についてはインドとの関係が最も密接であった。ビルマの主要輸出品は、米、豆類、チーク材その他の農産物、そして石油が挙げられ、輸入商品の大部分は綿糸、綿織物、機械、金属等であった。赤松はビルマを、農業国、原料供給国として特徴づけている。ビルマもイギリスの勢力下にあり、インドが四〇年五月に輸入制限令を発布したのに呼応して、六月に雑貨類約七〇品目にわたる商品の輸入制限令を発布したのであった。また、いわゆるビルマ・ルートが開設され、注目を浴びていた。ビルマ・ルートとは、ラングーンから昆明にいたる自動車道路で、三七年に起工され、三九年一月に正式開通したのであった。

フランス領インドシナ（現ヴェトナム、ラオス、カンボジア）も農業地域であった。米、ゴム、トウモロコシが主要農産物であり、主要輸出品でもあり、総輸出額のうち七七％を占めていた。

農業の次に重要なのは鉱業で、主な鉱産物は石炭、錫、亜鉛、金、鉄等であり、ただ石油を欠くのみであった。フランス領インドシナの貿易はフランス本国に大きく依存していた。とくに輸入をみると依存度が大きかった。フランス領インドシナの一九三七年から三九年の輸入をみると、織物七〇％、金属加工品七四％、金属類五五％をフランス本国に依存していた。これは一九一八年七月二日に制定された新関税法に基因するものであり、本国製品が無税で輸入されるのに対し、外国製品に対してはほとんど禁止的な高関税が課されるという実情があるためである。このような差別的関税政策は、フランス領インドシナの植民地の幼稚工業を発展させるためというより、フランス本国の工業を維持する目的のものであると赤松は分析している（八七〜八八頁）。

それゆえ、日本とフランス領インドシナとの間の貿易はいうまでもなく不振をきわめていたのであるが、ヨーロッパ戦線の展開により、新しい市場としてアメリカと日本が注目されるようになった。ただ、フランス領インドシナにおいて日本製品に対して禁止的高関税を課せられたのは、日本が米穀法により外米輸入を制限・禁止したことに基因しており、それは赤松の表現を利用すれば「日本とフランス領インドシナの農業の同質性」から発する事態であった。しかし、満州や中国本土に向けての食料品補給という任務が加わったので、両国において必要とする物資にバーター（物々交換）制をしくなどして、一日も早く貿易関係を発展させることが期待された。

タイは東南アジアにおいて唯一の独立国であったが、イギリスの広範な影響下にあった。タイは農業国であり、その自然的条件と歴史的条件から、つまり技術的能力と経済力において、先進国からの援助を必要としていた。一九三八年四月からの一年間のタイの輸出をみると、米の占める割合が四八％で、フランス領インドシナの輸出額の中での割合四〇％を凌駕していた。タイの輸入をみると、製品が占める割合が七二％に及んでいた。三八〜三九年の輸入相手国をみると、上位四カ国はシンガポール、日本、イギリス、香港の順で、日本は三七〜三八年の一位から一つ後退したのであった。しかし、シンガポールと香港は中継貿易が盛んであることに注意が向けられ、日本が依然として優位を占めていることが確認される。日本からの輸出は、綿製品が大部分を占めていて、日本の輸出産業が繊維工業を中心として発達してきた歴史をそのまま反映しているると分析された（九六〜九八頁）。

このようにしてタイは、日本の輸出産業のよき海外市場となっていたが、楽観視することの危険性が指摘されている。タイにおける中産階級としてその流通網を掌中に収めてきたのは華僑であり、日本製品を排除する動きがある一方で、綿製品についてはインド商人が進出して華僑の地位を侵食しつつあった。タイ政府のバックアップによるタイ商人の台頭により「廉価、良質の日本製品」の流通が支えられている側面もあった。しかし視点を転換すると、上海製品のタイ市場への進出が目につき、陶磁器など雑貨のほか、綿製品の増加が顕著であった。その理由は、通貨価値の下落の影響が大きかったが、低賃金に支えられていることを鑑みれば将来にはより真剣に対応すべき問題となるはずであった。また、タイでは民族主義運動が起こっており、その動きはタイ経済界に混沌とした特徴も与えていた。

タイのヨーロッパ貿易は、船舶の不足とドイツによる対イギリス海上封鎖のために激減してきていた。タイは日本の飛躍的発展に驚異の眼を向け、当時の状況を日本の明治維新にたとえ、日本の経済界の視察をしばしば行って友好関係を維持していた。バンコクには日本の貿易斡旋所も設置されていた。一九三三年の国際連盟総会でリットン報告書が採択された際、タイは友好国日本のために棄権するという好意を示したのであった。それでも、タイの財政、錫を中心とする鉱業への投資、米・錫の通商関係等において、イギリスの影響、圧力は大きかった。

フィリピン貿易をみると、一九三六年、三七年には七六〇〇万ペソ、八四四八万ペソという華々しい出超になっていた。しかし、三八年には三四六一万ペソの入超に転じ、三九年には改善したとはいえ入超状態が続いていた。その理由は、フィリピンの主要輸出品が砂糖、コプラ、アバカ、椰子油、煙草等で、これらは軍事的価値が少ないので、諸外国からの需要が減退し、価格が異常なまでに低下していたからであった。フィリピンの貿易相手国は、アメリカが圧倒的に大きな地位を占めており、二位の日本が占める割合でも一桁のパーセントで示されるほどであった。アメリカの対フィリピン輸出をみれば、鉄および銅製品、綿製品、自動車、電気機械器具などの順であった。一九四六年七月四日にフィリピンの独立を許すことが、三四年三月二四日に決定していた。日本の綿布輸出は、ボイコットに見舞われたほか、本土の経済情勢の影響のため、納期の不確実性の高まり、品質の低下などが起こり、苦戦を強いられていた。中国綿布の進出は将来には相克をよび起こすと予想された。フィリピンの対日輸出は主に、鉄鉱、銅鉱、マンガン鉱からなり、もし対日禁輸、対日輸出制限などが実施されると、フィリピン経済は深刻な危機に見舞われると予想された。

オーストラリアとの貿易

オーストラリアの過去一〇年の貿易動向をみると、だいたい出超を続けていたが、一九三九〜四〇年に著しく増加した後、輸出・輸入ともに減退した。その増加の原因は、イギリス本国に向けての羊毛、バター、小麦粉、鉄鉱類の輸出の増加、および、イギリス領以外の地域からの機械、金属器具、鉱物性潤滑油、石油、生ゴムを多量に輸入したことによる。近時の不振は、ドイツとイタリアによる逆封鎖によって、イギリスとの交易が困難になったためとみられていた。三八〜三九年のオーストラリアの貿易相手国をみると、イギリス本国が四〇%を超え、それにイギリス領を合わせると六〇%に及んでおり、アメリカ、日本、インドネシア、ドイツ、フランスが続いていた。オーストラリアにとってアメリカと日本の重要性が徐々に高まり始めていたが、イギリス出身者が九〇%を占めたことから、日本よりむしろアメリカに庇護を求める形で対米依存の傾向が色濃く出始めていた。

それでも赤松は、日本とオーストラリアの関係の将来を悲観すべきではないとした。その理由は第一に、オーストラリアはインド、マライと同様に原料物資の大供給地であり、大戦によりヨーロッパ市場、とくにイギリス本国向けの輸出が激減し、その経済的動揺は蔽うべくもなく物資のはけ口の獲得に苦慮しつつあった。過去一〇年間の累計による輸出価額の生産価額に対する比すなわち輸出依存度をみれば、牧畜業六九％、鉱業六七％、農業三七％であった。それゆえにこそ、日独伊三国同盟締結の翌日になって、オーストラリアはそれまで日本側の要求に応じなかった羊毛の積出しを許可するに至ったのである。そして、オーストラリアとアメリカの間の貿易関係には、いずれもが農業国、鉱産国であり、赤松のいう「同質的相克関係」がみられるのであった。そして赤松は東アジアからオーストラリアへの移民の増加にも期待を寄せていた。

アフリカと中東との貿易

アフリカ地方は圧倒的にヨーロッパ諸国の勢力下にあったが、両者の間の貿易はヨーロッパ戦線の拡大の影響を大きく被り、減少傾向がみられた。しかし、日本とアフリカ地方との貿易はさほど増えておらず、むしろアフリカ等における輸入制限令、為替問題、海上交通の不安があり、前途に危惧が抱かれていた。アフリカ地方は日本にとって輸出市場としての位置づけが大きかったが、相手国の求償主義に応じたり、原材料輸入市場を分散したりするためであるとして、輸入が行われていた。一九三九年には、日本からの輸出は綿織物が圧倒的に多く、綿製品、絹、人絹織物等繊維工業品がその大部分を占めていた。

イギリス領東アフリカには、ケニヤ、ウガンダ、ザンジバル、タンザニアが含まれるが、日独伊三国同盟締結による対日感情の悪化が懸念され、輸出減退が予想された。南アフリカはアフリカ全体の中でも、日本の貿易にとって大きな地位を占めていたが、ポンド・スターリング・ブロック外からの輸入制限がしかれて厳重な為替管理が行われており、一九四〇年四月頃より日本の輸出の商談が成立していないことが伝えられていた。三国同盟成立後は為替の問題の解決もいよいよ困難になり、前途には暗雲がたれこめていた。インドがすでに台頭し始めていたが、英米の協力によりアメリカが南アフリカに進出してくることも予想された。西アフリカにおける日本の市場はほとんどイギリス領ナイジェリアとゴールドコースト（黄金海岸）であり、三九年の両地方への輸出の合計は四九八万円で、綿織物、缶詰食料品の割合が大きかった。イギリス側の輸入制限のほか、日本製品の輸出を仲介していたアフリカ・シリア商人たちが不信から失墜する一方でヨーロッパ商社の台頭があり、日本からの輸出は減退していた。

北アフリカの地中海沿岸にはイタリアが一九四〇年九月に進出し始めていた。北アフリカについては、エジプトを中心とする経済関係が考察されたが、オタワ会議に始まった大英ブロック主義によって、日本製品が圧迫され、日本の対エジプト輸出は三五年以降減少していた。三九年には、エジプトの輸入先リストでは日本は第一〇位に位置し、七八万ポンドスターリング余りで、その一六%を綿布が占めた。いま綿織物についてみると、エジプトの輸入総額のうち綿織物が占める割合は約一〇%で、輸入商品の中では第一位である。これを国別にみれば、イギリス、イタリア、日本が三つ巴の争いをしているような具合になっていて、赤松のいう「相克関係」が看取されるのであった。

近東（中東）貿易は好調であった。一九四一年一一月にはモロトフ・ソ連外務人民委員がドイツを訪問するなど、同盟三国とソ連に提携の動きがあり、ソ連のバックアップを得て、三国の同盟勢力は近東の石油を射程に入れ、徐々にイギリス勢力を駆逐しようとする気配が濃厚になっていた。この頃の日本の近東との貿易をみれば、日本は小額ではあるが割合としては大きな出超になっており、輸出品のほとんどが繊維工業品であった。そして、日本はまだ近東からみるべき輸入をほとんど行っていなかった。

5　東アジアとアメリカ

一九四一（昭和一六）年の『新世界経済年報』第五輯の第一部、第三章「日本貿易の危機と中南米の争奪――対米依存の脱却と中南米への進出――」では、アメリカ・ブロックとの関係と関係改善が論じられた。それほど、アメリカとの貿易は日本にとっては重要なのであった。

アメリカと日本の経済関係は、アメリカが三九年七月二六日に日米通商航海条約の廃棄を一方的に日本に通告することにより、悪化の決定的第一歩を踏み出した。四〇年九月二七日に締結された日独伊三国同盟は、新たな世界経済秩序の出現を意味するものであると同時に、イギリスとアメリカを中心とする世界秩序への抗議でもあり、そして、両国との関係をいっそう悪化させるものであった。赤松自身はアメリカ大陸諸国と日本との間に深い相互依存関係があるという確固とした認識をもっており、密接な貿易関係が達成されることを切望していた。赤松は理想を表明しながらも、緊迫した事態の展開を前にして「日米経済戦争」に突入する覚悟を決めていくのであった。赤松自身の表現をみておこう。

今、観察の眼を日米両国間の通商関係に限定するならば、我々は先に昭和十四［一九三九］年七月二十六日米国の一方的な日米通商航海条約廃棄の通告により、昭和十五年一月二十六日より無条約状態に入り、今日再び三国同盟の締結と共に石油屑鉄の禁輸問題を廻り米国は極めて露骨なる対日経済圧迫を加えて来たのであり、その後も銅、工作機械等の輸出禁止を相続いて実施したのである。

日米両国の純経済的関係は極めて相互依存、有無相通の関係であり、東亜と米州大陸との密接なる交易関係の達成こそ我国の切望する処なのである。然るに、近時に於てはあらゆる経済的圧迫が増加せられるのであり、我々は之を全く政治的動機に依るものと考へざるを得ない。而して政治的動機による経済的圧迫であるとするならば、両国の関係は単なる石油屑鉄の禁輸問題に止まらずして、全面的通商不能に至るやも計り知れざる危機を多分に包蔵してゐると言はざるを得ない。（一二七頁）

赤松は、日本に突きつけられた国際経済問題つまり通商問題を次のように理解していた。

従来我国の貿易は、輸出入ともに極めて大なる比率を米国に依存してゐたのである。然し三国同盟の締結を機として我国は従来のアメリカとの貿易構成を清算して、新たなる角度から貿易上の新体制を断行しなければならない。（一一八頁）

対米貿易の重要性

日本の国際貿易において、アメリカは極めて重要な地位を占めていた。すなわち、日本は輸入の約三分の一を恒常的に北米に依存してきたのであった。とりわけ日本にとって戦時経済遂行にあたって重要な資源となる石油、屑鉄鋼、銅等が、アメリカからの輸入の大部分を占めていたのである。翻ってアメリカの棉花輸出をみると、日本の棉花輸入の大きな割合を占めていただけではなく、アメリカにとっても日本は重要な輸出先であり得意先であった。アメリカから輸出される棉花のうち約三〇％を日本は需要してきたのであった。屑鉄鋼についても、日本はアメリカにとって最大の顧客であった。また、石油については、アメリカ西海岸で産出されるものについては、日本が最大の需要者であった。

アメリカと日本の間の輸出入のデータを見ておこう。一九三九年にアメリカから日本への輸出を金額順に並べると、棉花の四二四九万ドル、鉄鋼屑の三二五九万ドル、銅の二七五七万ドル、石油製品の約二四五四万ドル、原油の二〇九二万ドルがトップ五品目で、そのあと間があいて、自動車部品の二五九万ドル、鉛塊棒等の二一五万ドルが続いた。日本からアメリカへの輸出は、生糸がトップで約一億六九三万ドル、そのあと二桁違いで、綿製品の七五〇万ドル、蟹缶詰の三七七万ドル、茶の三三〇万ドル、陶磁器の二〇七万ドル、絹織物の一九九万ドルであった。

赤松は日米通商関係の推移を見て、日本が高度の対米依存から脱却しなくてはならないことを確認した。アメリカからの重要輸入品は他の国々から輸入して確保するか、あるいは代替品を開発したり確保したりする必要があった。赤松は品目ごとに、代替輸入先や代替品活用の可能性を探っていった。棉についてはアメリカ産に代えて、ブラジル、エジプト、中国北部などからの輸入の途を開くこと、屑鉄鋼などについては南アメリカに、石油についてはインドネシアに期待が寄せられた。南アメリカについては、移民政策の重要性を再認識して経済資源開発を行う一方で、日本製品の輸出先を開拓することが提案された。原油や石油製品の輸入先として中東が捉えられていなかったことは特記に値する。

ブロック経済と満州国

第四章「円域貿易の新段階」では、日本にとっての広域経済となる円ブロックが観察された。満州国では貿易機構の整備が進んでいたが、厖大なる入超となっており、日本経済に大きな負担となっていた。満独通商協定や日満伊通商協定も結ばれていて、たとえわずかな効果しかあげえなかったとしても、従来に比してかなり大きな成績を獲得したに違いないと赤松は考えていた。

さらに、日本、満州国、中国の間の貿易も調整の必要があった。

円ブロックの貿易は経済建設の状態に依存し、貿易を軌道に乗せるためにはインフレーションを抑制し通貨価値を安定させる必要があり、そのためには円系通貨を確立して、通貨統一などの問題に十分な注意を払わなくてはならなかった。蒙疆《もうきょう》も円ブロックの構成分子であるが、周囲から自然的に隔離されており、経済的にも政治的にも特殊な存在であった。一九三七年末には蒙疆銀行が設立され、通貨の統一工作が着手され、四〇年時点では通貨統一が実現していた。蒙疆の貿易は従来、豊富なる雑穀、アヘン、獣毛、獣皮、薬草等を輸出し、綿製品、食料品等を輸入して、相当の輸出超過になっていた。

中国中部の経済界の状況は混沌として、見通しは困難であった。華やかな都上海の輸入先上位をみると、アメリカに最も依存していることがわかり、以下、イギリス領インド、日本、フランス領インドシナ、オランダ領インドネシア、イギリス、ブラジル、満州、タイ、ドイツと続いていた。上海の主要輸入品目は、棉花・綿糸・織糸、乾物および穀粉、金属および鉱石、石炭および関連製品、化学製品および製薬剤、煙草であった。上海の輸出先上位も、まずアメリカが第一位であり、香港、イギリス、イギリス領インド、日本、海峡植民地、フランス、オランダ領インドネシア、タイとなっていた。主要輸出品目は、紡績繊維、動物および産品、糸製品、織物、雑貨、などが続いていた。法定通貨の価値を安定させること、すなわちインフレ抑制が大きな課題の一つとみなされていた。中国南部の経済の復興は広東の復興にかかっており、それには香港が鍵となる。香港は、日本、満州、中国と、東南アジアの接続点として重要な役割を果たしていたのであった。

アメリカへの金集中

第二部「激変期の世界経済問題」の第一章「金集中とアメリカ経済」では、標題どおり、アメリカへの金集中問題が現下の世界経済問題として議論された。もちろん、アメリカへの金集中の傾向は目新しい問題ではなく、第一次欧州大戦勃発以来のことであり、ドイツや日本から見ると、「世界経済の編成替えが行われてからの事」であった（二一〇頁）。三三年末の世界における貨幣用保有金一二五億ドル（一オンス二〇ドル六七セント換算）に対し、アメリカの保有高は四〇億ドル（同上換算）でその比率三二％であったが、一九三九年末現在にでは、世界金保有高二八五億ドル（一オンス三五ドル換算）に対し、アメリカのそれは一七六億ドル（同上換算）で六一％にまで達していた。

赤松たちは、『アメリカ連邦準備銀行月報』を丹念に調べていた。一九四〇年九月二五日現在においては、アメリカの貨幣用金の保有高は二一一億六六〇〇万ドルにまで達していた。『月報』によれば、三九年、四〇年を通じ、イギリスとカナダからの金の輸入が顕著であり、フランスも四〇年度に入ってから多量の金現送を行っていた。これらの事実は、第二次世界大戦において、イギリスを中心とする連合国側がアメリカの資材供給にいかに大きく依存しているかを如実に示しているのであった。世界で再軍備が行われており、その再軍備はアメリカに依存して進みつつあり、それがアメリカへの金流入につながっているのであった。赤松自身の表現をみておこう。

米国の如き人的物的、資源及び生産力の豊富なる国に於て巨額の金集中を見るのは蓋し当然であらう。又此事実は同時に国際収支或は狭く貿易尻の出超として表現される。（二一三頁）

米国の充分な重工業に於ける生産力が世界各国の軍備促進に寄与した処は大なるものがある。特に第二次欧州大戦勃発直前より現在に至る間の甚だしき米国依存は……国別金流入表［略］或はイヤーマーク金の変化に徴しても明白な処である。（二一四頁）

第3表　アメリカの金保有量の変化

	単位100万ドル	前年比較増加率%
1936年末	11,258	11
1937年末	12,760	13
1938年末	14,512	13
1939年末	17,644	21

出所：（赤松 1941：210）。

赤松は一九四〇年時点では、第二次大戦勃発後のアメリカにおいては、戦時関係産業の一部活況をのぞいて、格別な特徴はあげられないとしながら、むしろその後の進展を解明するための胎盤としてのアメリカの景気を分析した。巨額の金流入の重圧を受けている金融界はさておき、アメリカ商務省の『景気動向展望』（Survey of Current Business）を参照して、三九年七月から四〇年六月までの実体経済部門のデータを分析した。

アメリカの総合生産指数は決して飛躍的な上昇過程を示してはいなかった。それに対して、産業部門別生産活動の推移をみれば、上昇の最も激しい部門は、飛行機製造業で一四六ポイントの上昇であった。次は、鉄鉱業の四二ポイント、造船業、鉄鋼製造業の各四一ポイントの上昇であった。現在のアメリカ景気の特徴を見出してみれば、「直接の戦争関係事業における活況である」といえた。その他一般の生産指数はおおよそ三九年末を最高として低下する傾向を示していた。それから、別の意味で注目すべきこととして、生糸受渡高指数の下降をあげている。赤松いわく、「日本の最大輸出品たる生糸が、最大市場たる米国に於て、……漸減傾向を示す事は政治的な原因の存在を見逃し得ないものである」（二二五頁）。

6　フンク声明と欧州広域経済

一九四一（昭和一六）年の『新世界経済年報』第五輯では、ドイツの欧州新秩序建設（欧州共栄圏）の問題も取りあげられ、第二部の第二章「欧州広域経済とフンク声明」で、いわゆるフンク声明の説明と赤松の理解が開陳された。赤松の理解をたどっていこう。

フンク声明とは、一九四〇年七月に、ドイツ経済相兼ライヒス・バンク総裁のワルター・フンクが、ヨーロッパ新秩序に関する諸質問に対して回答する形式をとって、その根本原則の説明を行ったものをさす。その理念はまず、ヨーロッパにはその経済的提携のために必要な自然的地盤がすでに存在しており、これがドイツとイタリアの協力、指導によって合目的的にかつ最も自然な方法において遂行されるべきこととされた。すなわち、直観的地盤の本質的動向としての欧州経済圏の成立機運あるいはその必然性が強調され、ドイツとイタリアの指導精神はその地盤により始発され促進された上層概念であると捉えられた。フンクの表現にしたがえば、「通貨、信用、生産、貿易等経済政策のあらゆる方向における協力により、ヨーロッパ諸国民間の経済的共同感情を強化し、新経済圏内各国の経済的連帯を有効に主張する」ことであった。したがって、原料生産、為替、通貨、貿易等のあらゆる部門において合理的分業を目標とし、ヨーロッパ大陸の経済的威信を十分に発揮して圏外諸国よりの政治的、経済的条件の強要を排除しようとする「欧州共栄圏」あるいは「欧州防衛圏」の建設に向かうことであった。

ヨーロッパ経済圏の独立性の保持のために、必要な産物はすべて国内で産出可能になるように努力することが根本態度であり、圏内各国が農工業方面の経験を交換することにより、食料・原料生産に最大能力を発揮することが要望されていた。そして、石炭、カリウム（加里）、鉄、木材、その他の合成原料、代用原料が、独占資源より相当にまで解放されることを確信していたが、高価な工業製品と原料品との世界市場での交換もまた重視されていた。赤松は、これは、いわゆる「自給自足にしてかつ輸出」という立場と解される所以であろうとしている。

通貨については、単に経済に対する技術的役割を考慮しようとする立場がとられ、赤松は、ノミナリズムの地盤に培われたドイツの新しい管理通貨であろうとした。ただし、ライヒスマルク貨の指導性、支配性は十分に主張し、各国に共通する通貨制度＝支払制度の確立を期待している、と赤松は理解した。フンクの言葉を借りれば、「既に採用されているところの相互求償的取引方法およびこれより発達した支払協定等を基礎として多角的求償的取引並びに各国の貸借尻相殺にまで発達させ、ついには各国が一定の清算所を通じて決済をおこなうように」と期待されていた。フンクは、「金が国際貸借尻の決済に適当な手段であるか否かは別問題であり、そして、とにかく我々は金になんらかの依存関係を有するような通貨制度は決して実施しないつもりである」と明言していた。赤松は、欧州経済圏の各国内での通貨としての金の存在を否定しても、国際決済手段としての金を否定するまでには至っていないと理解した。圏内の決済手段は、ライヒスマルク貨あるいはこれに適当な比率でリンクした各国通貨が充てられ、ドイツはその中心的清算所となるべく企図されている、と赤松は認識した。

ヨーロッパ広域経済

赤松は最後に、ヨーロッパでの広域経済建設地盤としての自然的条件を、二点に分けて検討した。

第一は、新経済圏における食糧自給問題である。ソ連を除くヨーロッパ大陸ではもともと食料品の供給に関しては一〇〇％であったわけではない。そして第二次大戦勃発後においては、農地の興廃、農夫の動員、連合国側の封鎖による肥料、飼料等の供給遮断等の事実を挙げて今後に起ころかもしれない食料飢饉を誇張する向きもあった。赤松は、このような眼前の一時的事実と、広域経済圏建設目標としての食糧問題とは、明確な区別を設ける必要があると指摘した。赤松は一九四〇年のロンドン『エコノミスト』誌の調査を参照して、まず小麦などの農産物食糧について吟味し、ヨーロッパが今後、これらの食糧自給を検討し始める出発点としてよいくらい、ヨーロッパの圏外輸入依存度は十分に低いことを発見した。それに対して、世界市場からヨーロッパのこれら食糧輸入量をみれば相当に大きいことが指摘できた。赤松は二つの示唆と帰結にまとめた。

一　ヨーロッパの輸入食料品が世界市場的に相当に重要性を示している。換言すれば、輸出国としてはヨーロッパ市場の重大性を絶対に無視しえない。

二　このように対世界市場比率は大きいのであるが、ヨーロッパ自体の輸入としては比率が軽い。

帰結　それゆえ、ここから推論すれば、ヨーロッパの食糧自給力の達成は世界の農産物輸出に対し大打撃を与える可能性を有する。

すなわち、ヨーロッパでの小麦等農産物の自給化は、ヨーロッパではほとんど問題とならないであろうと推測されるのに対して、世界の農産物輸出国が直面する可能性のある重大な制約となるであろうと推測された。さらに赤松は、肉製品および酪農製品に関するヨーロッパの自給力が十分にあることを強調したのであった。

第二は、主要生産原料（鉄、石炭、石油）の確保である。まず、一九四〇年頃の時点において、鉄鉱については、ドイツ一国では三五％の自給率である。ヨーロッパ大陸諸国と北アフリカの一部の鉄山を確保すれば、ドイツの鉄鉱需要は新ヨーロッパ圏内で自給可能になる。同じことをイギリスの『エコノミスト』誌も予想していた。次に、石炭について、ドイツは現在輸出国である関係上、将来も自給が期待できる。

そして最後に、石油については、豊富な生産は期待できない。そもそも『国際連盟年報』によれば、一九三八年の世界石油産出高二億七二〇〇万トンの国別内訳は、アメリカの六〇・四％、ソ連邦の一〇・六％、ドイツの〇・二％、ポーランドの〇・二％、ルーマニアの二・四％である。ロンドン『エコノミスト』誌によれば、ヨーロッパ大陸の平時石油消費高はおおよそ二六〇〇万トンに見積もられたので、赤松は二〇〇〇万トン不足すると推測した。ドイツにおける石炭液化がどの程度まで補充するかは疑問であるとする一方で、石油資源の開発、補給路の確保拡充、貯蔵等は三八年に比較すれば、格段の進歩を示していると赤松は考えていた。また、赤松は、イランとイラクに油田が存在することが発見され、三八年において世界産出高のうち五・四％を占めることにも注目していた。

赤松は、要するに、このような自然的存在条件のもとで、ドイツを中心とした「科学的開発、重点主義の徹底（＝高度異質性への進歩）、計画された消費規制、代用品工業の発達等の一連の推進力」がどの程度までヨーロッパの広域経済圏を強化するかが問題であろうとした。赤松は「斯してこそ、欧州広域経済は米州の汎米経済圏に対し充分に対立し得るものとならう」と結んだけれど、この結論が、石油統計データが示すところからは大きな距離があったことは十分承知していたはずである。

第5章　技術進歩と長期波動

1　『新世界経済年報』第九輯

一九四一（昭和一六）年一二月に、アメリカとイギリスを敵にした戦争を始めるという新たな状況を前にして、日本は対応する対外経済関係を構築し、経済政策を策定しなければならなかった。

赤松要編輯の『新世界経済年報』第九輯は四二年九月に刊行された。四部から構成され、七月九日付けの序文の後半の文章を補足して整えると、その概要は次のように説明できる。

本輯の第一部「世界経済構造変動とその将来性」の歴史的・理論的把握において世界経済の変動の由来――技術進歩――を通じてその将来性を把握し、来るべき世界新秩序の在方を指示した。第二部「大東亜共栄圏の金融体制」において大東亜共栄圏の確立に極めて緊要なる金融通貨工作の問題を展開し、第三部「関頭に立つ豪州と印度」において、今や関頭［二つの世界を隔てる境界］に立つオーストラリアとインドとの動向を論じた。第四部の資料の問題は英米陣営の崩壊を計る尺度とみるべきものである。

時局が迫れば迫るほど、赤松の書くものには弁証法的表現が多用される傾向があった。しかし、データや資料はしっかり使用されているので丹念に読み進めれば、どこからどこに移るときに、論理の飛躍が起こっているかは正確に理解できるはずであり、また、読者に判断を委ねているときにも読者が判断を誤ることはないであろう。ただ、のちに、例えば六〇年後に、赤松が一九四〇年初頭に書いたものを理解するためには、日本を中心とする二〇世紀史に関する基礎知識をもち、ある程度の忍耐力も要することを強調しておきたい。

『新世界経済年報』第九輯からは、第一部「世界経済構造変動とその将来性」の第一章「世界経済変動の基底としての技術の進歩」と、同第三章「広域経済の必然性と世界経済の将来性」を中心にみていこう。

第一部の第一章では標題どおり、世界経済変動の基底としての技術の進歩が論じられる。赤松は、そもそも国際交易の基本的条件、したがって世界経済が成立するための基礎は、一方には国際的交通の可能性、他方には諸々の国民経済の構造に差異が存在することであると捉えた。

まず、外国品の消費と外国のサービス給付の要求は、交通技術が進歩するにつれてますます増大する。ただしその際には、交通機関の輸送能力の増進のみならず、文化水準の向上（欲望充足全体の技術化および物量の増大）も寄与するといえる。とはいえ、国際的交通関係の最も重要な推進力は諸国民経済の構造の差異であるとされた。この諸国民経済構造の差異は自然的、国家的、あるいはその他の天然資源の分布の相違より生ずることはもちろんであるが、より重要な動因として産業化の程度の相違があるとされた。赤松は、リカードの比較生産費の原理やＥ・ワーゲマンの世界経済論を参照している。

つまり、世界経済は諸国民経済の交易関係の場であるから、世界経済の成立、発展は諸国民国家の生産力の発展によってもたらされる。そして、諸国民国家の生活力の発展は一方で交通技術の進歩によって外延的に発展するとともに、他方で産業技術の進歩によって内包的に発展する。交通技術と産業技術との進歩が諸国民国家の生活力の発展を媒介し、諸国民国家の生活力の発展の関係態様によって世界経済は成立し発展する。したがって、世界経済成立の基礎にはワーゲマンの言うように交通技術と産業技術との進歩がなければならない。赤松は、これら技術の進歩はただ世界経済を成立させたのみならず、世界経済の構造変動の機動力ともなったと考える。すなわち、諸国民経済が産業ならびに交通技術をいかなる程度まで採用するか、および、その関係いかんによって工業化および広域化の作業状態あるいは均等状態を生じ、ここに赤松のいう世界経済の異質化、同質化が起こることになる。赤松は異質化、同質化の過程をもって世界経済の変動と呼び、その基底に技術の革命的進歩が伏在することを歴史的に論証し主張するのであった。

赤松は、世界経済と技術の関連について、アメリカのL・マンフォード（Lewis Mumford, 1895-1990）の名著『技術と文明』（一九三四年）による三段階説を紹介している。

第一、原始技術期（Eotechnic Phase）おおよそ西暦一〇〇〇年より一七五〇年頃までで、動力として、水車を使った水力が用いられ、原料としては木材が使用されたのであって、水力・木材複合体の時期である。

第二、旧技術期（Paleotechnic Phase）動力として蒸気機関を通じて蒸気力が用いられ、原料としては鉄が使用されたのであって、石炭、鉄複合体の時期である。

第三、新技術期（Neotechnic Phase）動力として電動機その他の電動装置を通じて電力が用いられ、原料としては各種の合金や軽金属が使用されるところの電気・合金複合体の時期である。

長期波動としての構造変動

赤松は、構造変動を表現する長期波動と、長期波動が技術革命によって上昇することに注目した。技術革命は長期変動の下底においてつねに阻止不能の矛盾の圧迫のもとに行われており、その技術革命が外延的発展とあいまって次の景気長期上昇時代を生んでいると理解した。このようにして技術革命が時代の陣痛期に生まれて新しい時代を発足せしめるのに対し、大戦争が長期波動の上昇期において勃発し平和の到来とともにこれを下降せしめ、その時代を終息させると赤松はいう。

赤松は、主に物価の動きに注目しながら、中期波動から、技術進歩がもたらす長期波動を区別した。そして、技術の革命的進歩がつねに長期波動の下降期、物価の収縮期、長期不況の生活不安時代に起こり、この技術革命がもたらす長期波動が、飛躍的な繁栄、生活力の発展を惹き起こすと考えた。

まず、繊維工業革命が第一次長期波動の上昇期をもたらした。イギリス繊維工業革命は一七三三年にジョン・ケイによって発明された飛梭に始まった。これに続いて紡績機の革命はジョン・ワイアットおよびルイス・ポオルの精紡機をへて、一七六五年のハーグリーヴスの発明によるジョニー精紡機によって継続した。そして一七六九年のアークライトの水力精紡機の発明、一七七九年のクロンプトンによるミュール走錐精紡機の発明が続いた。

赤松は、このような一連の発明によって近代資本主義的工場生産が可能になって、一七七九年からの第一次波動が起こされたとみる。そして一七八五年のカートライトによる力織機の発明、ならびに、ワットによって一七六八年に発明された蒸気機関を力織機に応用すること、その他木綿工業に付随する諸工程の改良等に促進されて一八一四年頃までの顕著な上昇を経験したとされる。赤松は、「これを世界経済的にみれば木綿工業による世界経済の異質化時代なのである」と考える（一二頁）。

イギリスの第二次長期波動の上昇をもたらしたものは、イギリスにまず起こった第一に重工業革命であると捉えられた。そしてこの重工業革命は第一次波動の下降期から漸次起こってきたのであった。精錬法における初期の大きな発明は、一七三五年にダービーがコークス炉の、一七八三年にオニオンズが攪錬法（パドル法）の特許を得たことであった。さらに一八二九年にニイルソンによって通風用の空気を炉に送る前に加熱することによって、銑鉄一トンあたりのコークス消費量を非常に節約することになった。このような次々と行われた先駆的発明により、イギリスはその重工業黄金時代を経験したのであった。

しかしながら、銑鉄精錬法に真の革命的変革を与えたものは一八五五年に特許を得たベッセマーの製鋼法であり、これに続いて行われた一八六四年のシーメンス・マーチン法（平炉法）および一七八七年のトーマス法（塩基性法）の発明であると捉えられる。赤松は、この第二次重工業革命はイギリスに幸いせずして、ドイツとアメリカを利したという（一一一頁）。というのは、旧式の精錬法に固執するイギリスは重工業の発展において取り残されることになり、かえって、ベッセマー法はより多くアメリカに普及し、トーマス法は有燐鉄鉱の多いドイツ製鉄業発展の技術的基礎を与えることになって、ここにドイツ、アメリカの重工業の物凄い勃興となり世界経済は同質化されざるをえなかった、と赤松は分析する。そして、一八七五年頃より始まる第二次波動の下降はこの世界経済の同質化を物語っていると考えられた。

第三次波動の上昇について、赤松は、J・A・シュンペーター（Joseph Alois Schumpeter, 1883-1950）がいうように電力工業、化学工業、自動車工業などのいわゆる新興産業に帰するところもあるが、それ以上に、重工業製品の販路を開拓すべく行われた帝国主義的植民地の獲得による外延的発展が原因として大きかった、と考えた。植民地争奪戦と植民地の鉄道建設の形で行われる資本輸出が第三次波動の機動力であり、それが第一次大戦の原因となったと捉えていく。しかも植民地および後進国への資本輸出はそれら諸国の工業化を誘致し、これが大戦によって促進され、戦後の先進国対後進国間の同質化の矛盾が現れ、ここに世界経済の差異同質化はいっそう拍車をかけられたとする。

第四次長期波動上昇の原因こそが、電気工業、化学工業、自動車工業などの新興工業の革命にあるが、その先駆的発明は第二次波動の下降期から始まっていたと捉えられる。すなわち、電気工業は北米を中心として一九世紀の七〇年代に始まった。そしてその最大の成果は、一八七九年のエジソンの発明した白熱電灯、それに点火するために、エジソンとスワンによる電圧が一定になる発電機の製作であった。ついで一八八一年にはドブレエによって電流の遠距離輸送の実地が行われ、翌年にはエジソンによって発電所や発電形式が案出され、八五年には変圧器が発明された。このほかに、ベルによる電話の発明が一八七六年、マルコオニの無線電信の発明が一八九六年になされ、新しい通信機関の誕生したことが注目された。

次に内燃機関（ディーゼル機関、ガソリン機関、ガス機関等）が実用化されたのもこの頃であった。一八六〇年のルノワールの三馬力のガス機関、七六年にオットーが四サイクル機関を製作したのを先駆とし、一八九五年にはガス内燃機関が広く利用されるようになっていた。石油の発見ないし利用は古いが、機械を使用して鑿井《さくじょう》し、その原油を潤滑油に精製するいわゆる石油工業の形態を備えるようになったのは一八五九年のことであった。この石油を燃料として、その燃焼ガスエネルギーを動力とする内燃機関は一八八三年にダイムラーが製作した小型ガソリン機関をもって実用化の域に達した。ダイムラーは八五年その機関を動力とした自動車を、翌年ベンツもマンハイムにおいて自動車を製作した。それが一九一〇年以後、ヘンリー・フォードによってアメリカで大規模工場を建設して廉価かつ大量の生産を開始されることになったのであった。また航空機の発明はといえば、一九〇三年にライト兄弟によってなされ、一九〇九年にブレリオのイギリス海峡横断飛行以来、急速に交通および軍事用の乗り物として発達したのであった。さらに一八九五年に、重油を使用する内燃機関いわゆるディーゼル機関がルドルフ・ディーゼルによって製作されたのであった。

これら内燃機関の発達によって、石油工業、自動車工業、航空機工業は著しく発達し、他方、これにともない、その構造材料ないし鋳造鍛錬用の軽合金工業（アルミニウム合金、マグネシウム合金）の発達が促進された。

赤松は化学工業の発達も、ドイツを中心に簡単に展望した。一九世紀には硫酸、化学肥料、人造染料、爆発物、薬品の生産が工業化され、二〇世紀初頭には、人絹、フィルム化学、石炭液化、人造ゴム製造が工業化されていったのであった。

赤松は、このような実験的発明時代をへて新興工業が真に資本主義的大量生産を開始したのは第一次大戦以後の一九二〇年代からである、と指摘した。そして「この時期からの新興工業の急速な発達が一九三〇年前後の世界恐慌を契機として意識的に行はれて来た国民経済主義的広域経済運動と一緒になつて、現今の第四次波動を上昇せしめてゐるのである」と解釈した（一一六頁）。

交通技術の進歩

赤松は、産業技術と世界経済の構造変動との関係をみたうえで、世界経済が交通技術の進歩を媒介として著しい発展を遂げた様子を次のように記した。

　産業技術による構造変動が産業構成の高度異質化であるに対し、交通技術によるそれは広域経済化を特徴とするのである。交通技術は「道路と帆船」、「鉄道と汽船」、「自動車・飛行機・デイゼル《〔ママ〕》船」の三段階を経て発達した。而して道路、鉄道、自動車等陸上交通機関の進歩は政治力の集中と産業革命の遂行を促進し、諸国民経済、諸大陸が世界経済関係にもたらされる準備をなした。（一一六頁）

赤松は、イギリスにおける初期の産業革命は道路と運河の普及発達によって促進され、重工業革命は鉄道の極めて急速なる普及によって成就された、と議論を展開する。そして、海上交通機関の発達はまず可住世界を拡大した。それは、航海術、帆船の進歩、羅針盤の利用等によって達成された。帆船にとって代った汽船は急速に国際交易の質と量とを増大させたのであった。赤松は、そして、イギリスを中心とする単一の世界経済が成立する一方で、イギリスのみならず、アメリカ、ドイツ、日本など数個の中核国を中心とする複数の広域経済が成立しつつあると捉えた。この広域経済を結合する紐帯が飛行機であり、ディーゼル船であり、内陸広域圏では自動車であると捉えられた。スピードと大量運搬を特色とする新しい交通機関体系の媒介によって初めて中核国の広域化が可能であり、広域経済の建設が促進されるのであった。

赤松は、長期波動の下降期に技術上の新発明が行われ、この技術革命が次の長期波動を上昇させると説いた。そして、技術的発明が真に大規模に利用されるにいたる過程が、景気を上昇させ、繁栄が享受される時期であった。この上昇過程は国民経済自身の発展を意味するものであるが、それは他の諸関連において国民共同体の生活力が発展する過程となる。長期波動の下降期は構造的矛盾に満ち、生活力の伸長が圧縮されるときであり、と同時にそれは新しき秩序を生み出そうとする陣痛期である。この陣痛期にまず生まれるものがある新しい方向を指す政治観念であり、それに指導されて、一方民族の外部への膨張という外延的発展が起こり、他方技術の革命的進歩と内包的な産業の発展が躍進する。そして長期上昇過程は両者の綜合としての国際貿易、世界経済の発展過程であり、したがって国民共同体の生活力の全体的発展過程なのであった。「生活共同体」という表現は、大熊信行の影響と思われる。

赤松は「技術と戦争との不可分離の関係」についてもまとめあげた。

第一に技術の発明は常に戦争目的の為の軍事技術の進歩によつて始発されてゐることが多いと同時に、第二に技術の発達が戦争技術を高度化し、戦争を誘発してゐる。……技術の進歩による経済力の発達が戦争を可能ならしめるものであり、一国技術が、又経済力が戦争の勝敗を決する重要な要因たることは今日の「総力戦」或は「経済戦争」なる標語が最もよく物語つてゐるところである。（一九～二〇頁）

二〇世紀前半から半ばにかけての技術と戦争の関係を端的に表現している。第二次大戦後、少なくとも日本の場合は、非軍事化のため、技術的発明と戦争の関係が断ち切られることになった。

2　広域経済の形成

一九四二（昭和一七）年の『新世界経済年報』第九輯の第一部「世界経済構造変動とその将来性」の第二章「世界経済の異質化と同質化」では、赤松は綜合弁証法を駆使した。つまり、先進諸国は世界経済の構造変動過程において、同質化の矛盾を脱却しようとして、高度異質化の努力と広域化の努力を繰り返してきた、と分析された。高度異質化は、産業・品質・品種および生産方法においていっそう高度化する（付加価値をつける）ことによって、後進工業国の追跡に対して一歩先んじて異質化（差異化、差別化）を図ることをさした。広域化は、通商あるいは政治によって新市場を開拓して地域的拡大を遂げ異質化関係を構築しようとするものであった。高度異質化は内包的発展による異質化であり、広域化は外延的発展による異質化であった。

赤松は、「かかる高度異質化と広域化の努力は同質化の相克のうちに不断に試みられた所である」とする（八七頁）。彼の雁行形態的経済発展論が応用されていく。つまり、高度異質化の努力は後進工業国が赤松のいう産業発展の雁行形態をとって追跡してくる時、先進工業国は繊維工業から鉄鉱・鉄鋼業へ、さらに機械工業、化学工業等の新興工業へと先行し、また低級品より高級比への転換を行い、さらに生産技術の改良・生産の合理化等の手段によって、同品質商品の原価引下げに取り組み、これらの努力によって後進工業国の同質化産業に対抗し、あるいは一歩先んじてきたのであった。

第三章「広域経済の必然性と世界経済の将来性」では、赤松は、イギリスを中心とする単一の世界経済が分かれて、複数の広域経済圏が成立していくと説く一方で、日本を中核として想定される広域経済圏では、自立経済を成立させることが不可能であり、広域経済圏どうしの交易も考察されていくことになる。

それでもまずは、イギリス中心の世界経済秩序から複数の広域経済圏を形成することの必然性というよりもむしろ必要性が説明されていく。広域経済圏の形成は、一つの国民経済にとっての拡大行詰りを解消するはずものでもあった。

技術の進歩を動因として高度工業化することは、その典型たるイギリスが特徴的に示す如く、大なる製品の消化市場、原料・食料の供給地、換言すれば大なる市場圏［・］資源圏・培養圏を必須とするのである。しかもその様な要求を有つ高度工業国が今迄のイギリス一国に対し数カ国をかぞへるに至つた。ためにイギリス中心の世界経済は複数の高度工業国を中核とする複数広域経済に分割されざるを得なくなつたのであり、これに国防国家建設の要請が附加されて一層拍車をかけられたのである。従つて複数広域経済の成立とはイギリスといふ単一の資本主義国民経済の指導下における世界経済から、複数の資本主義国民経済の指導による世界経済へ、即ち一元的世界経済から多元的世界経済へ、或は又英国チュ－ネン圏から欧米チュ－ネン圏へ、さらに複数チュ－ネン圏への世界経済の転換であると表現しうるのである。（九一～九二頁）

一九四二年当時におけるイギリスの世界経済に占める大きさが感じられる文章である。

そして、地域拡大化の方向もまた行詰っている、すなわち、地球の探検は北極と南極という極地まで行われ、新たに開拓すべき地域はもはやわれわれの世界には残されていない、可住世界拡大の限界に直面しているのであった。この高度異質化と地域拡大が行詰るところに、世界を数個の広域経済圏に分割しようとする世界新秩序運動の歴史的必然性が伏在する、と赤松は主張した。

かくして、形成されつつあると思われた広域経済は、異質化と同質化の行詰りという矛盾を止揚すべき歴史的課題を担うものであると捉えられた。すなわち、第一には先進工業国間に失われた異質化関係を圏内の農業国との間に発生せしめ、また圏内の後進工業国との間に高度異質化関係を醸成して、それによって共存共栄の実をあげようとするのであった。他方には、先進工業国は到底一国によるアウタルキー（自給自足経済）を実現することは困難であるが、だからといって同質的矛盾に陥りうる不安定な世界市場に依存することはできないと考えられた。ここに世界市場よりは小さいが、一国民経済よりは大きく、政治的勢力は浸透し、文化的・民族的・地域的に統合されて安全保障が確保された広域経済圏を形成して、拡延的アウタルキーを実現することが企図された。赤松にとって、「これは世界経済の異質化と拡大化の行詰りを止揚し綜合するものであると同時に、広域経済圏を中核国の強力なる指導により、生活圏、国防圏にまで形成することにより共栄的、並に国防的要請を達成せんとするもの」であった（九三頁）。

広域経済の要請

赤松は、広域経済に課せられた経済的要請を三点にまとめて詳細に検討した。

第一に、高度工業がひき起こすと考えられる市場問題を解決するものと捉えられた。赤松は、産業技術の進歩により繊維工業より鉄鉱・鉄鋼業へ、さらに自動車・電気・機械等の新興工業へと、高度工業化してきたのであり、これらの工業製品にとっては厖大なる市場が必要とされると考えた。とくに大量生産を特徴とする新興機械工業においてあてはまることであり、世界大の市場をさえ必要とするのであった。そして、高度工業国が四つ、五つと生じてきており、しかも市場は拡大する余地がないと考えられた。ここに世界的な市場争奪戦が起こり、政治的闘争や戦争までも惹き起こしていると捉えられた。そこでこの近代技術が要求する広大な市場と、世界政治の不安性をある程度回避するための条件を備えるものとして、世界市場より狭いが、しかし政治的には確実なる広域経済市場が要請される、と赤松は考えた（九三頁）。

第二に、広域経済が「高度工業の惹起する資源問題を解決すべき課題をになう」と、赤松は考えた（九三頁）。天然のエネルギー・鉱物資源が、地球上に偏在する、つまり一部の地域に極端に偏って存在しているという条件など、現在の資源問題に通ずるものがあるので、赤松の生の表現を引用しておこう。

> 高度に発達した工業、特に新興機械工業は多種、多量にして、しかも地球の片隅に偏在する希少資源を必要とする。しかもそれら資源は一国生活力の維持発展、国防の強化に必須不可欠なる資源である。かゝる重要資源が地球上に偏在し、所謂「持てる国」と「持たざる国」とが対立するところから、資源をめぐつて死活的闘争が展開される。この資源問題を解決する方策としては、持てる国では国際カルテルによつて或は集団保障によつてなさんとし、持たざる国では科学、技術の発達の懸命なる努力によつて不足資源を代用せんとした。然し乍ら前者は主体性なき国際連盟主義を固執するものであり、机上論に終らざるを得ない。又後者といへ共或

程度の資源の代用、補給は可能であるとしても、又国防上自給自足を計る上には必須であるとしても、代用品製造自体に何等かの資源を必要とするものであり、しかも代用品製造は決して経済的に有利なものではない。かくして資源の自給可能度のより大なる広域経済を確立することによつて、資源問題を解決すると共に、国防資源の外国依存の不安を排除することが要請されるのである。（九三～九四頁）

赤松はこのような見解を支持した学者にアメリカのユージン・ステーレー（Eugene Staley, 1906–89）の『世界経済の転換過程』（一九三九年）を挙げている。赤松流にいえば、ステーレーは「技術と政治との対立、相克」を説いたのであった。すなわち、「技術の発展は市場においても、資源においてもますます超国家的、世界経済依存的となるのに対して、政治は国際不安から封鎖的となり自給自足への方向をとっている」というディレンマ（二律背反）に陥っていたのである。ステーレーの「世界経済の転換過程」は、三九年八月二七日から九月二日にかけてノルウェーのバーゲンで開催された国際研究会議（アメリカ外交問題評議会後援）で発表されたものであった。日本語版は四一年一一月に吉元正美によって科学主義工業社から出版されており、当時の世界においてかなりの共通認識を形成していたように思われる。このような技術（および天然資源）の拡散性と政治の凝集性とのある程度の「満足的止揚」が広域経済の形成によって達成される、と赤松は考えたのであった（九四頁）。

第三に、広域経済によって、高度工業国がひき起こす食糧問題を解決するべきであると考えられた。高度工業国になるにしたがって当然、農業部門の比重が小さくなり、人口扶養力は工業品の国外輸出によりその対価として輸入する食糧品によって維持しかつ増大させようとするものであると考えられた。しかしながら、生活体の基体たる民族の生存を維持すべき食糧を外国に依存することとは政治上、国防上極めて望ましくないことであり、そのために自給自足の達成をめざして工業国における再農業化の努力がなされてきたのであった。それでもいよいよ高度工業化することと、再農業化することとは一国の労働力に限りがある以上は相矛盾する要求であり、ドイツにおいてさえ必ずしも成功する様子が見えなかった。ここにおいて国防的に保証され、交通機関によって十分連結されうる広域生活圏内において、中核国はますます高度工業化し、被指導国は農業国化あるいは原料国化することによって、換言すれば広域経済全体にわたっての工業国・資源国・培養国の有機的均衡を得るべく確固たる国土計画の樹立によって共栄経済の実は挙げられ、広域圏全体としての人口扶養力が増強されるはずなのであった（九五頁）。

3　世界経済の将来

世界経済の将来性はいかなるものになるのか。赤松要は、一九四二（昭和一七）年の『新世界経済年報』第九輯において、今や広域経済（地域経済）の成立は歴史的必然であり、複数の広域経済を通じて構成される世界経済が現代世界の新秩序である、と捉える。もちろん、世界経済の将来の問題は戦われつつある第二次ヨーロッパ大戦ならびにアジア太平洋（大東亜）の大戦の進み具合に大きく依存していた。しかし赤松は、「戦火の下で着々と進められつつある広域経済建設の問題と、やがて平和回復の後にもたらさるべき広域圏間の新しき通商問題に集中されるべきであろう」と戦後の国際秩序も見通そうとしていた（九六頁）。赤松は、広域経済建設についての二、三の政策的指針をかかげ、続いて広域経済圏の間での新しい通商方法を論じていく。

広域経済建設の問題をまず考察していくのであるが、赤松は「広域経済運動の歴史的必然性」をいわば哲学的な問題として捉えて考察を深めようとした。この点については、彼の著作の読者たち（篠原三代平 一九七五、など）を戸惑わせることになったが、現状分析や差し迫った課題を考察するときには哲学的議論は後回しにされることになったので、ここでも回避しておこう。となれば、ここで第一に、広域経済圏の中核国に課せられた最大の課題を考察することになり、それはいうまでもなくいかにして自己の広域経済圏を最もうまく建設するかということになる。そして、「各広域経済への資源、市場の配分は必ずしも均等ではない以上、将来広域経済間に戦争が惹起されるであろうことは予想に難くない」ので、これに備える意味においても「広域経済全体の生活力を増進することが緊要の課題なのである」とおさえられてゆく（九五〜九六頁）。

第二に、赤松は、「広域経済建設の条件として民族・思想・宗教・文化等の共同体であることを必要とする」としたほか、とりわけ地域的接近性にあること、すなわち地域共同体であること

第4表　日英米独の東南洋向品種別輸出割合（1943年）（単位：%）

	繊維工業品	金属および同製品	機械および車両	化学製品	その他
日本	45.0	10.0	9.9	5.9	29.2
イギリス	27.6	15.9	19.6	6.4	30.5
アメリカ	2.7	11.3	21.5	4.3	60.2
ドイツ	3.9	29.9	16.3	31.6	18.3

出所：三菱経済研究所「太平洋における国際経済関係」（赤松 1942：98）。

を要するとした。そして、「地域的接近の必要は軍事技術の進歩により飛行機が軍艦を圧倒するに至つたことから結論される」とした。その理由として、かつてのイギリスのように軍艦によって世界各地に散在する植民地を結合して広域帝国を建設・維持することが不可能になった、と赤松は考えた。そして、「国防的に生活空間が確保され、飛行機・自動車・船舶等により完全に結合されうる地域的接近にある広域経済内に於てのみ、一国的アウタルキーを放棄して、高度異質化による拡延的アウタルキーを樹立しうる」と考えたのであった（九七頁）。

第三に、赤松は、広域経済建設の経済的原理として「共栄原理」をあげながらも、その実現のためには、諸国民経済間に差異が存在していることを念頭において、「国際分業の利益」を追求することを挙げた。赤松は、時局に順じた表現も用いたが、人々の経済生活を支える経済原理の重要性を忘れることはなかったのである。

広域経済の中核国

第四に、赤松は、東アジア貿易に「飛躍的な量的および質的の発展を予想することが出来る」とした。彼は、この予測をなす手がかりとして第4表を利用し、日本を中核国とする広域経済（「共栄圏」）に入るべき諸市場は従来、日本よりもむしろ、イギリス、アメリカ、ドイツ等の先進工業国によって開拓されてきたことに気づいていた。すなわち、日本の主要輸出品である繊維工業品でさえ、日本は東アジア全体の四五％を占めていたにすぎない。いまもしこの東アジア市場を日本が独占するとすれば、日本の輸出貿易の量的な飛躍は繊維工業においてさえ予想に難くない。なおその上に東アジアは世界人口の半分を占める一〇億の人口を有しており、国家意識、国民意識（「民度」）がまだ低く、開発も不十分であった。赤松は、日本の共栄策により開発が進められたならば、その時の貿易の量的発展には著しいものがあるであろう、と予測した。

赤松は、輸出工業品を質的にみても、従来、金属および金属製品、機械および車両、化学製品等の重工業品、新興工業品における日本の輸出割合が全体のうち僅少であったことを指摘した。そして、将来、東アジア圏の開発につれて、これらの生産財や高級消費財の輸出が激増することが予想され、かつ、大いに伸長させるべきであるとの見通しを立て、東アジア貿易の質的発展には瞠目すべきものがあるに違いないと推測したのであった。

否むしろ、この膨大となるであろう工業品に対する需要をはたして日本が一国で引き受けうるかが問題である、と赤松は考察を進めた。なぜかといえば、共栄圏という広域経済を建設する進捗度が、日本の工業製品とくに生産財の輸出能力に依存しているのである。これの解決のためには、第一に、従来低賃金のため機械化することが遅れていた日本の工業組織を革新し、今度は機械化・電気化・組織化などいわゆる産業合理化により労働者一人あたり生産力を増加させなければならなかった。第二に、東アジア全体にまたがる人口政策、立地政策から今少し日本の農業を他国に移譲して、日本の農業労働力を工業労働力に転換すべきであろうとした。これは既述のとおり広域経済においては地域的接近性が確保されて国防上の安全が保障され、また運輸力が十分に確保される限り許容されうる政策であった。ただし、前年四一年一月に決定された「人口政策確立要綱」においては、優秀なる力および労力の供給源として内地農村の人口を一定数には維持するとともに、日満支（日本、満州、中国地域）を通じて内地人口の四割は農業従事者として確保することが要請されており、このため農業労働力の工業労働力への転換には一定の限界があった。したがってある程度まで消費財工業を国内の適地に育成することも必要とされるのであった。第三に、赤松は戦後を見すえ、平和回復後、あるいは枢軸国との交通が可能になった暁には、東アジア圏の過剰物資と交換する代価に、ある程度までドイツの機械、化学製品を買入れる用意があってもよいと考えた。

第五に、さらに困難な問題は、タイ、フランス領インドシナ、ビルマ、旧オランダ領インドネシア、フィリピン等がすべて熱帯地方に位置するので、農業国、原料国としては著しく同質性を有することである、と赤松は指摘した。赤松の表現を借りれば、こうした同質的相克を解決するには、米・錫・麻などの対日輸出を各国に割当てるような方法が必要であるが、いっそう根本的には東アジア共栄圏全体を通じて産業の編成替を行い、各国民経済間に何らかの相違ないしは段

伊勢参宮（昭和14年４月４日）
左より赤松要、貴子夫人、宏一、晶子、藻利夫人

階を設定しなければならないと考えていく。例えば農産品における品種上の異質化、食糧供給国と原料供給国との異質化、あるいは数カ国の軽工業化等が全体の国上計画に基づいて行われなければならなかった。この場合にも増産されるであろう食糧、原料を十分に吸収するに足るよう中核国日本にはいっそうの高度異質化が要請されると考えた。なお、中核国は高度異質化を進め、被指導国にある程度の工業化を許すことは、前述のとおり、人口政策上内地人口の四割を農業労働者として保持し、しかも東アジア圏の消費財に対する膨大な需要を満足させるために必要であり、他方、工業化によって日本の生産する生産財への需要を増大させ、また文化の向上によって高級消費財への需要を増すことになればこそ、共栄原理の実現につながっていくと考えた。赤松は、それは同時に同質的矛盾に陥る危険、中核国の衰退の危険を含んでいることは明らかであるとし、そして、すでにイギリスの衰退がこれを物語っていると捉え、中国・インドの綿業の発達により、日本の綿業と同質化する傾向が顕れていることを憂慮した。したがって、日本が中核国としていつまでも繁栄するためには不断の高度異質化を心掛けねばならず、それには不断の技術

の進歩が要請される、と赤松は主張した。赤松いわく、「我国は技術における後進性を速に克服し、進んで世界をリードするまでに技術水準を高めねばならぬ」(一〇〇頁)。

赤松は、東アジア共栄圏内における貿易方法は総合的な経済計画に準拠して、中核国たる日本は原料・食糧の輸入、製品の輸出についていわゆる割当貿易制(Quota system)を採用すべきであり、それに基づいて各被指導国との間に交換貿易制(Barter system)が実施さるべきである、と提案した。また、貿易決済の方法については、日本を中心とする清算協定制によってなされるべきであるという提案も行った。

赤松は、いわゆる長期波動による経済変動を論じたのち、第二部では、日本を中核とする広域経済圏(「大東亜共栄圏」)の通貨・金融体制、金融政策の考察に向けて、中国地域の銀貨中心のシステム、ヨーロッパ諸国の影響下にあった東南アジアの金融システムを概観した。そして、日本は当面、軍票に頼った支払いシステムを作ることになったのであった。第三部では、二つの世界を隔てる境界に立つオーストラリアとインドの経済と対外政策の動向を概観した。そして、オーストラリアがアメリカ軍の駐留を認め、インドがイギリスとのつながりを維持していることを確認し、日本を中核とする広域経済圏のメンバーには入りづらい状況にあることを見てとった。

4 世界経済と技術

赤松要は小島清（一九二〇〜）との共著で、技術文化大系シリーズの一冊として『世界経済と技術』を一九四三（昭和一八）年六月に出版した。同書は赤松が南方に出発したのちに公刊されたこと、赤松の序文（四三年一月付け）において、「主として小島清君の努力に成るものであるが、常に研究室において問題を討議し共著の実質を備えることとなった」と記していることを考慮すれば、小島の貢献が相当に大きかったと推察できる。

「世界経済の発展が技術進歩によることは一つの定説」というべきであるが、「両者の相関的発展を究明せる著書は少ない」（赤松「序」）として、赤松と小島の二人は正面からこの課題と哲学的、認識論的に取り組んだのであった。「はしがき」を参照しながら、「序文」を今少し紹介しよう。

まず、「世界経済の発展が技術進歩によることは一つの定説」であるとしても、また「技術の進歩は一方に経済的、社会的動向の圧力によるものであり、これは科学的精神の自覚を促して新なる技術を創造し、あるいはその改良を招来するものである」ことも事実である。実際のところ、「技術より出発して経済、社会的秩序の発展を説くことは一つの表面的観察としては容易であり、唯物史観の定式に基いてかつて多くの試みがなされた」のであった。しかしながら、「言うまでもなく技術の進歩は科学的精神の所産であり、またこの精神はその時における経済的、社会的情況のうちに生育している」のであった。こうした事態を深く観察すると理論は果てしない循環に陥りかねないのであるが、これを打開するのが「綜合弁証法」であり、「技術と経済のあらゆる事象の基本的把握」をめざして綜合弁証法の展開が試みられたのである。

『世界経済と技術』は四篇からなり、小島の「はしがき」では、同書の目的はおおよそ五点に整理された。

第一は、やはり、「技術の進歩と世界経済の発展との関係を綜合弁証法によって理論的、実証的に開明」することであった。第一篇「世界経済発展の基底としての技術の進歩――生活力発展の理論――」では、技術も経済も中性的にあるいは中立的に存在するのではなく、政府による政策によって両者を位置づけたうえで開発が進められる部分があることを解明する。小島いわく、「政治の指導下に国家生活力発展の武器として貢献するところにその存在価値を有する」。他方で、「世界経済はそれ自身発展への意欲と主体とを有するものではない」。他方、「技術も経済も国家生活体の発展過程に包摂せられるもの」であり、「技術の進歩と国家生活力の発展と世界経済の展開との基本関係」が問われているのであった。「国家生活力」という表現は、配分の原理に着目した大熊信行の表現で、当時の経済学者が経済発展を分析する際の評価軸としてしばしば用いられた。のちには国民所得計算における国民総生産（GNP）や国内総生産（GDP）によって数値で表現されるものと結びついていくと考えてよいが、つねに産業レベル、企業レベルでの技術の発展にも同時に光をあてることが重要である。

第二に、国家生活力は一方において交通技術の進歩を媒介として外延的発展を遂げ、他方において産業技術の進歩を媒介として内包的発展をなすと捉えられ、両者が相まって国家生活力の全体的発展が生じ、それにともなって世界経済の構造変動が招来されると考えられたのである。同書の第二篇「交通技術の進歩と世界経済の発展」と第三篇「産業技術の革命と世界経済の発展」においてその歴史的、実証的把握が追及された。

第三に、第四篇「広域経済と高度異質化」では、複数の広域経済圏が成立しつつあり、それによって新しい世界秩序に向けて必然的に動いていくことになるのであるが、高度技術という資源ならびに市場確保の要請も弾力的に作用し、また広域経済を成功裏に建設するためには中核指導国が絶えず技術の高度化を図る必要があることを究明しようとした。

第四に、同書には技術発展についての歴史的叙述が豊富に盛り込まれた。後知恵でいうと、二〇世紀後半には中等教育レベルで教えられるようになった内容であるといってよい。それほど、技術の発展と経済の発展は密接不可分のものであることを認識すること自体が、広域経済建設のために必要不可欠なのであった。

第五に、同書全体を通して、綜合弁証法による国民経済ならびに世界経済の構造変動および構造比較の理論的、実証的把握を提示し、世界経済の展望に関して何らかの示唆を与えることが企図されたのであった。こうした姿勢は、赤松においても小島においても、一九七〇年代初頭の世界貿易長期展望プロジェクトにまで引き継がれていく。

世界経済と技術

赤松要と小島清との共著『世界経済と技術』（一九四三年）からは、赤松単著の『新世界経済年報』第九輯（一九四二年）を補足する議論――技術論や技術哲学――を拾っておこう。第一篇「世界経済発展の基底としての技術の進歩――生活力発展の理論――」は、四章「生活力の理論」「技術の論理」「精神の論理」「技術進歩と世界経済発展の基本関連」からなる。第一章「生活力の理論」は唯物史観批判から始まるものの、ゾンバルトやマーシャルを参照しながら、「経済の発展、したがってまた人間共同生活発展の基底として技術の進歩が存在する」ことには疑いはないと喝破したうえで、赤松と小島の立場がまず次のように宣言される。

我々の立場よりすれば問題は単に経済でなく、単に宗教でなく、これらの一切を一元的に包括する生活力であり、歴史的発展を貫流する巨大な生活の潮流である。生活力は政治、経済、宗教、科学、技術などの諸文化を含み、生々として発展する。しかし、この一元としての生活力乃至生活体の構造と発展とはその内容する部分構造が多岐なるだけ、その発展法則の把握には精緻なる方法を必要とする。一元的生活体は分れて諸部分構造となり、またその発展は一元的生活力の単純なる伸張でなく、一つの力は内に矛盾を孕みつつ幾多の力に分れ、その交互合

成として顕現する。(三頁)

まず、「生活体」の把握から始まる。つまり「生活体は国家であれ、個人であれ、an sich 即時的には精神的、自然的、或は主観的、客観的の統一体として把握される」(七頁)。「生活直観」とは、ある意味で「幼児の状態」であり、「この状態においてはいまだ精神の自覚はないが自然の中に融合した精神があり、自然と精神とは未分化の状態」であることをさす。赤松と小島は、直観的に把握される民族共同体までを包含する。

生活直観は唯物的でも唯神的でもなく、その融合体であつて、これが生活発展を始発せしめる根源的動因である。生活直観は……、われわれの生活においても一切の自覚、一切の文化を生み出す根源力として存在する。それは普通には本能的意欲として知られるものであるが、もつと深い意味においては一切の観念、知識、技術などを形成せしめる始発的動因であり母胎である。生活直観は国家について言へば民族生活、民族共同体であり、それは単に衣食住し殖へる群集ではなく体験的、直観的に民族観念をもち文化を内包する。ここの家における親子兄弟の共同体もまたその家における生活直観であり、おのづからにしてそのうちに愛情、哺育のごとき精神が含まれてゐる。例へば倫理的観念としての忠、孝のごときは既に自覚された観念であり、また国家或は家庭の秩序として制度として具現化されてゐるものであるが、しかしこれ

らは根源的には生活直観としてこの民族共同体、家族共同体の中に無自覚的に内包されてゐるのである。（七～八頁）

赤松と小島は、生活力発展の動因として人口膨張があり、これは「進取的気象に富み生々発展の過程にある国家」がつねにかかえる問題であると認識していた。この人口問題に対しては三つの解決策が考えられた。第一は、移民や領土拡張による「生活圏の拡大即ち外延的発展」であった。第二の解決策は、経済の力による生活圏の充実にあるとされ、主に資本主義成立以来の耕作技術の改善あるいは農業機械の採用によるけれども、それより遥かに大きく工業の進展に基づいているとされた。そして、「科学技術の進歩により発明発見は相つぎ、資本は充実されて近代的大工業の成立を見た」のであった（二九～三〇頁）。

最後に第三の解決方法として、国際貿易すなわち生活域の拡大密接化による方法があげられた。この国際貿易による人口問題の解決策は、一方において交通機関の発達により人口扶養力がその固有の生活圏を超えて世界大の生活域にまで拡張することであり、他方においてその拡張は生活圏の充実すなわち工業生産力の増大によって実現可能になるのであった。かくして、これはいわば両者の綜合による理性的な人口問題の解決手段であるといえ、生活力の全体的発展につながるものであった。かくしてこのような国際貿易の広がりの結果としてあるいは地球大の生活域関係として世界経済が成立するにいたるのであった。

技術の論理

第二章「技術の論理」は、当時の文献を渉猟して、標題どおり技術論が展開された。リストアップされた八冊の著作の中で、最も重要だったのは相川春喜（一九〇九～五三）の『現代技術論』（三笠書房、一九四〇年）であったと思われる。同書では、現代技術論のための文献と解題が三九頁に上っており、当時は技術論が一種の流行状態にあったことをよく反映している。赤松と小島は、相川の技術の定義を『現代技術論』（八五頁）でたっぷりと引用した（三九～四〇頁）。

「技術とはあらゆる人間的実践に必須なものであつてこの合目的な実践のための手段概念として過程的且つ統一的に捉へられねばならぬ……技術は、社会的歴史的な人間の目的を意識した活動のプロセスにおける外的手段又はその複合（コンプレックス）、その組織、その体系（システム）として一般的に概念することができる。技術はすぐれて実践的な概念であつて、ただちに主体的な技能又は知能でもなく、或ひは又全く客観的な物としての道具とも差別されねばならない。特定の技能（知能）をもつ人間が己れの合目的な実践の過程で、特定の道具を外的手段として対象に働きかけ己れの目的を実現してゆく、さうした過程におけるこの手段、これが技術の一般的通念とならねばならない。この場合に手段を客体的な面から見れば道具で、主体的な面から見れば技術だと云ふのでは充分ではない。手段を休止態で表現してゐる物が道具で、手段を全く運動の過程に捉へてゐる概念が技術であると云つた方がより正確であらう。技術は全く実践的な概念で、実践そのものとは概念上差別されねばならぬが、しかもそれは不可分な具体的関係に立つてゐる。また実践の過程のうちにあるが故にこそ自ら『過程しつゝある手段』たるものといふこともできよう」と。

文献リストには他に次のような著作が含められた。まず、三木清の『技術哲学』（岩波新書、一九四二年）であり、当時に注目された諸議論を平易に紹介しているのでよく読まれたようである。次に、高山岩男《コウヤマイワオ》（一九〇五～九三）の『哲学的人間学』（岩波書店、一九三八年）である。リプリントが一九七一年に、玉川大学出版部から出されている。赤松の同僚だった宮田喜代蔵の『経営原理』（春陽堂、一九三一年）もある。F・デッサウエル（Friedrich Dessauer, 1881-1963）の『技術の哲学：実現の問題』（一九二七年）は、一九四一年に永田広志によって邦訳が科学主義工業社から刊行された。L・マンフォードの『技術と文明』（一九三四年）については、邦訳が二通り出版され、再版も出ているので、相当によく読まれたであろう。F・v・ゴットル（Friedrich von Gottl-Ottlilienfeld, 1868-1958）の『経済と技術』（一九一四年）もあがっている。E・チムメル（Eberhard Zschimmer）の『技術の哲学：技術的観念世界の導入』（一九三三年）は、田間義一によって『技術の精神』（科学主義工業社、一九四一年）との邦題がつけられた。哲学者が専門とする観念の世界と、実際的な実践世界との両方にまたがったテーマであったことが伝わってくる。

技術と綜合弁証法

赤松と小島は、綜合弁証法を用いて技術に迫った。技術は元来新しい環境に適応するための新しい労働の型の発明である。そして、「技術が存在する」というときには、主体と環境との間に対立があるはずであった。「主体と環境が対立し、その調和を媒介するのが技術である」。それゆえ、発明というものは調和を見出すことである。主体と環境、人間と自然、主観的なものと客観的なものとを媒介することこそが、技術の本質であった（三五頁）。

赤松と小島にとって、技術が人間と自然とを媒介する本質は、道具や機械という労働手段に現われた。技術はもとより新しい環境に適応し、新しい欲求を充足するための新しい労働の型の発明であり、このとき、発明は労働手段の発明を意味する。新しい道具機械の獲得によって新しい労働の型が生じ新しい欲求が満足させられる。技術はその使用する道具によって特徴づけられるので、技術の歴史は道具の発明の歴史であると捉えられる（三五〜三六頁）。

道具はいわば手の延長である。しかし機械の段階になると、手からはある程度独立した一つの客観的組織を有するようになる。近代技術は基本的に機械技術である（三七〜三八頁）。その根本原理はゾンバルトによると「有機的なものの制限からの解放」であって、近代技術のこの特徴は人間という有機的自然の諸制限からの解放を意味しているのであった。ただし、道具が技術であるのではなく、むしろ道具の使用、道具の支配が技術なのであった。それゆえ、技術は客観的契機として手段、道具を含み、主観的契機として技能、知能、使う方法、人間の意欲を含むものであると捉えられた。

赤松と小島は、経済も技術もともに自然の支配、生活困窮の克服を目的としているとした。しかし、経済的な考察では、人間の欲求と自然の与えるその充足との全体的過程が持続的調和を保つことを目的とするのに対して、技術はその充足過程においていかに合目的的にそれを実現するかを目的とする。それゆえ、技術は本来的に労働行為、生産行為の達成を使命とするのに対して、経済は労働、生産をも含んでさらに消費によって欲求を充足し、真に生活を保持することを使命とする、と捉えられた（三八頁）。

議論を進めて、赤松と小島は、人間の技術力と自然の環境力との相互作用によって形成される経済秩序は、文化水準の関数であると捉えた。そして、経済秩序の基底たる技術もやはり文化水準の関数であり、一国家生活力の関数であると理解された。マンフォードがいったように、技術は複合体なのであった。

精神の論理

第三章「精神の論理」では、まず、技術精神がどこから来たのかが問われた。そして、ゾンバルトが「近代技術は革命的、ファウスト的なヨーロッパ精神の嫡出の子である。近代技術は近代自然科学と双生児の姉妹関係にある」と言ったことは正しい、と支持された。赤松と小島の表現を借りれば、近代技術と近代自然科学の両者は根本において同じ本質のものであり、すなわち根底にあるのは自然についての近代的見解であり、理論的な角度と実践的角度の両方から見なければならないのであった。

では、技術精神とは区別される経済精神は、ゾンバルトによって秩序と技術とならんで経済の概念を構成する基礎成分の一つであるとみなされたが、これはいかなるものか。それは資本主義経済においては資本主義精神であると、J・A・シュンペーターの『経済発展の理論』(一九一二年)などを紹介しながら、企業家が資本主義経済の指導者であり、なぜかといえば、そのわけは企業家の創造性にあるとした。赤松と小島の議論を引用しておこう。

資本主義における経済指導の様式は企業的経済であるが、それはこの経済が企業家の危険において行はれる、即ち企業家が利益と損失とのあらゆる機会を扱ふ自己責任性を意味してゐる。かくて資本主義経済の「原動力」は資本主義的企業家であり、彼の個人創意である。故に又彼は唯一の「生産的」即ち造出的、創造的な力である。それは彼の職能からの直接の結果である。あらゆる他の生産要素――労働と技術の具象化たる資本とは彼に対して従属の関係にたつものであり、彼の創造的行為によつてはじめて生命を与へられる。技術のあらゆる発明もまた、彼の個人創意によつてはじめて刺激され促進され、実用化されるのである。(五九頁)

赤松と小島は、新しい技術を体化した機械の発明が、労働節約的であることが多いと認識し、機械の発明と失業との関係について考察したうえで、楽観的な見通しを示した。つまり、技術的合理性を有効に利用すれば、技術は人間の機械的労働力を節約し、文化的享楽を豊富ならしめうる。もし機械利用により節約しうる労働力だけ労働時間を短縮することができるならば、失業者を出すことはない。さらに、技術の進歩はより高尚な、より複雑な新種産業を誘起するものであり、たとえ機械化によって一時的にいわゆる摩擦的失業が生じても、これを吸収しうるであろうと推測した。

第四章「技術進歩と世界経済発展の基本関連」では、世界経済の成立が世界的交通の成立すなわち交通機関の著しい発達をともなってきたことを展望する歴史的な議論が展開された。すなわち、新大陸、新航路の発見時代がまず世界的交通の端緒を開き、次にイギリスに産業革命が起こり、その物的生産力と蒸気交通機関の発達とが世界交通を開拓し、したがって世界経済の形成を実質的に可能にした。そして、それは一九世紀の後半における海運、鉄道、通信等の発達に負うものであり、世界経済の成立は、英国の自由貿易が確立せられた一八五〇年以後となすことができるのであった。

第二篇「交通技術の進歩と世界経済の発展」は、赤松単著の『新世界経済年報』第九輯（一九四二年）とかなり重複するので、資源経済学や広域経済論につながる議論を拾っておこう。第五章「新しき交通技術とその問題」では、いかにして近代技術の登場が二〇世紀におけるエネルギー・鉱物資源問題の発生、広域経済論の展開、第二次大戦の勃発につながってきたかを、わかりやすく議論した部分がある。

技術は木材と風力との原始的技術期、鉄と石炭との旧技術期を経て今や合金と石油、電機の新技術期に入つた。この新技術期に発達せる交通技術即ち世界経済発展の手段の一たる新交通技術は電気機関と内燃機関とである。……かゝる新しい交通技術は新しい資源を要求し開発した。石油、ゴム、錫等これである。国際的不安は各強国を駆つて資源の獲得に狂奔せしめた。石油争奪戦はその集中的表現であり、それがまた広域経済建設への直接的動因であり第二次世界大戦の導火線であつたのである。（一六四頁）

赤松と小島はこうした認識に基づいて、二〇世紀において一挙に展開した新しい交通技術である自動車、内燃船舶、飛行機の特性について詳論し、これらが放った国際関係上の意義を議論した。これら新交通技術は、第一に国防と直接結びつき、第二に新しい資源問題とくに石油問題に結びついていた。そして第三には、新交通技術そのものが広域経済の紐帯として欠くべからざるものになっていくと、赤松と小島は認識したのであった。

そして世界を見渡すと、石油資源の分布が公平ではないことが、いまだ多くの解決しがたい問題をはらませることになったのである。つまり、当時のアメリカは輸出能力をもつほどに石油を産出していたのであるが、他の主要強国においては石油不足が深刻で、広域経済圏の確立を企図せしめることになり、「遂に第二次欧州大戦並に大東亜戦争を勃発せしめた大きな動因となったのである」と赤松と小島は分析した。当時は、「油の一滴は血の一滴」であり、「石油を支配するものが世界を支配する」に至ると真剣に考えられていたのであった（一七五頁）。

新交通技術が広域経済の建設にとって重要な役割を果たすことが繰り返し強調された。第三篇「産業技術の革命と世界経済の発展」の第三部「新興工業革命と世界経済再同質化の激成」では、まず、新交通技術が新興工業革命によって展開したと捉えられて詳論された。続いて、資源問題がいっそう深刻になることを避けるためには、化学の力などにより、代用品工業を発達させるべきことが論じられた。例えば、代用燃料工業、合成ゴム工業、代用繊維工業などであった。そして天然資源に限りにある現在の地球社会にとって、技術力は二〇世紀以上に重要になっている。

第6章　経済新秩序の形成原理

1　経済哲学の日本的自覚

赤松要は一九四二（昭和一七）年一二月、南方に出発する直前に、学位論文『経済新秩序の形成原理』を提出した。しかし、赤松への学位授与には時間がかかり、四四年九月にようやく経済学博士学位を受けたことを南方で知ることになる。彼の著書は同年七月に理想社よりいったん出版されるも、翌四五年四月に同じ出版社から改訂版が出版されたことを、赤松は四六年の帰還後に知る。この経緯については次章で詳しく見ることにしよう。

赤松の『経済新秩序の形成原理』では、赤松独自の、したがって日本独自の、綜合弁証法の確立が企図されたのであった。それは、日本に育って多様な西洋に学び、世界経済と拡大する日本経済の間の矛盾を糧にして、新しい思考を創り出そうとした経済学者の意欲と苦闘に満ちた研究から生まれた成果であった。

赤松の『経済新秩序の形成原理』は二つの編に分けられ、前編は「経済新秩序の綜合弁証法」、後編は「世界経済転成の綜合弁証法」と題された。赤松は、前編の第一章「経済哲学の日本的自覚」前半において、「西洋よりの輸入科学がいかにして日本的科学となりうるであろうか」と西洋からの輸入学問の脱皮を問うたのであった。

赤松にとって、認識原理または認識手段について、日本における自己生産が確立されなければならず、この一つの方向は弁証法の反省を通してなされなければならなかった。赤松は、唯物弁証法に対する批判、ヘーゲル弁証法の吟味によって、弁証法の綜合的立場を日本の哲学界に作り出しことができるはずであると考えていた。またドイツ哲学における新カント主義から現象学派、解釈学派などへの移行は、日本の経済学に対して方法論的な影響を及ぼし、またその方法の自己反省も始められたと、赤松はみていた。そして、赤松自身が数理経済学に手を染めることはなかったものの、一九三〇年代以降になると数理経済学の方法もまた日本に独自の発展をなしているように見え始めたのであった。

赤松は他方で、彼自身が行ったように日本の現実経済が昭和初期より経済学の素材として取り上げられるようになり、日本的地盤における調査研究つまり実証研究または経験的研究がにわかに勃興し、科学的概念体系が日本的な直観的地盤から作りあげられる準備が進められたと考えた。

さらに、世界不況、続いて満州事変ならびに支那事変にともなって、日本を中心とする地域経済ブロックの形成への大きな流れは、経済学に対して再び実践的任務を課すことになったと、赤松は考えた。「ここにおいて経済学は一にはその実践科学たることへの姿勢を必要とし、他方日本経済学たることの自覚を促された」のであった。すなわち、日本の経済学はその日本的地盤をいっそう多く認識素材となすとともに、またその認識の原理と手段すなわち認識方法を日本的に立直すという課題を受けとったと考えたのであった。そして、これらのすべてが日本における経済哲学の日本的自覚でなければならなかった。赤松にとって、この自覚なくしては日本の国民経済学は確立しえなかったのである。いまや輸入した外来物を消化し、またそれとの矛盾を止揚して、日本経済学が日本的自己に還帰せんとする転換期に立っているのであった。

綜合弁証法の日本的性格

赤松は、日本の産業の変化を参照しながら、「綜合弁証法の日本的性格」を確認していく。つまり、生産方法を自己生産する段階に到達すれば、当初は輸入された産業であったといえども、すでに日本の自己産業に還帰したとみなすことができる、すなわち、日本の経済学の認識方法が自己生産されて初めて、輸入された経済学といえども、日本の国民経済学として確立されることになる、と説いたのであった。

そして、唯物弁証法については、日本に輸入されたものの、日本的地盤に生えぬくことの最もできにくいものであるとした。しかしながら、弁証法それ自体はむしろ東洋的、日本的なものであったとした。赤松は、弁証法の日本的性格についての議論を展開し、東京商科大学の教授会では学位授与が承認されたものの、文部省からクレームを受けることになった議論も展開した。問題とされたのは、綜合的弁証法によって天皇制を解釈した次の箇所であった。

わが民族の全体性は理念或は絶対精神としては天皇として具現し、直観的存在としては国民生活の全体であつた。この二つの顕現は我国においてひとつの全体性、一つの理性者、一つの民族生活或は一つの国家の二つの現はれ方であつて根源において一体であり、理念は「民の心とされる」絶対理念であり、絶対精神である。この同一体たる理念と直観とは、その具体化として政治、経済等の概念的制度を生み出してゐる。（一七頁）

赤松は、天皇の大御心は民の本質的動向に即する現実的行為で、民の心よりいでて民の心を規制するものである、と言いたかったのであった。彼は、以前のある天皇の詔勅にあった、民の心をもって心とするという表現に基づいたつもりであった。そのため、当時の文部省では、赤松の天皇制の解釈が、天皇を軽視する、「デモクラシーの思想」であるとみなされた、というのが赤松の解釈であった。赤松の解釈についての詳細は、次章で見ることにしよう。

ただ、右の引用箇所のあとには、「矛盾」概念が多用された次の文章が続き、これを読むと、「本質的な矛盾があるときに、概念的制度が革新される」という箇所は、革命が起ることをさしているように読むことが不可能ではない。

この直観的存在と概念的制度がとのあいだに阻止的、或は促進的の矛盾が成立し、その矛盾が本質的な矛盾であるときに、概念的制度が革新される。矛盾は現象としての全体性の分裂であるが、この分裂が再び全体に止揚されるとき、理念としての全体性がその回復の目標となつた。従つて概念的制度は単に仮想の直観的実践の運動のみによつてでなく、上層の全体理念の働きによつて改革せられ、その矛盾が止揚された。（一七頁）

赤松にとって「革命」は思いもよらないものであったし、彼はもちろん民の心が反映される「デモクラシー」の支持者であった。

日本の科学者と科学

赤松の綜合弁証法にもどろう。一方で、江戸時代からある職分論や、それから派生したと思われる当時の「経済新体制」論において三つの根本精神の一つとされた「公益の優先」と関係する精神が反映されているようにみえる。その意味は「計画と秩序と、全体性への自覚」ならびに、国民経済の要請する軌道の中に自らを完全に活かし切るという「職分奉公」すなわち「活私奉公」であった。ちなみに、「経済新体制」における二つめの精神は、「生産重点主義の原則」で、これは端的に生産増強・生産本位を意味した。適正な利潤や手数料は認めるとされたが、のちに株主や商業の利益が制限されることになったことを記しておこう。第三は「指導者原理」であり、当時の統制経済の一つの要になった統制会の会長、ならびに、ブレーン・トラストとなるべき理事長や理事には、ヒトラーのようなフューラー（指導者）の役割を果たすことが期待されたのであった（池尾一九九八）。他方で日本では、様々な文物を、中国、インド、欧米から導入したのであり、それらを弁証法的に綜合することが、日本精神に求められる、と赤松は考えた。

実に日本的生活、或は日本精神はその内に矛盾し、対立せる存在者を全体の立場に止揚し、自からを発展せしめつつ、その部分的存在を全体の中のあるべきところにあらしめるものである。対立する他方を徹底的に排除するのでなく、また一つの矛盾的立場に強く固執するのでもなく、それらがわが国民性としての聡明な全体的洞察によつて全体に帰還し、全体の部分として綜合される。支那、印度、欧米の文化を輸入するごとに、それから生ずる矛盾を止揚して自己のものとし、各々をそのあるべきところにあらしめ、自からをその綜合者として生成発展するものが日本精神であらう。各々をそのあるべきところにあらしめる原理はわが当面せる東亜共栄圏経済の原理でもなければならぬ。（一八頁）

この文章には、二〇世紀前半に日本で活躍し始めた日本の科学者たちに共通する心情があるように思われるので、科学史家の湯浅光朝の『日本の科学技術一〇〇年史』（上、中央公論社、一九八〇年）から、日本での科学的活動を特徴づけた箇所を引用しておこう。

日本人は、ヨーロッパの近代科学および技術を「略奪」した者であって、その創造にはほとんど参加していない。……「略奪」の意味については、スペインの思想家ディエス・デル・コラールがその主著『ヨーロッパの略奪』（一九六二年）の日本語版序文にある次の言葉が参考になる（訳書一〇頁）。「略奪」（rapto）とは、たんにヨーロッパ文明を、それに無縁な諸民族が、「収用」（expropriation）すること、すなわち西洋世界が作り出した科学・技術・経済・社会組織から芸術にいたる、垂涎おく能わざる果実を、それら異民族が利用することだけをいみするのではない。それはまた、自己自身から「縁遠くなる」（alienacio'n）、すなわち自己疎外（精神錯乱を含めて）をも意味しているのである。（一一〜一二頁）

赤松や湯浅の叙述にはいくらか誇張があるかもしれないが、日本における諸科学の発展を振り返るときには、西洋諸科学は外から導入されたものであることは厳然とした事実であり、彼らの世代がある程度共通してもっていたヨーロッパの文化や思想に対する愛憎半ばする感情を照射しているかもしれない。

2 綜合弁証法と経済学

では、赤松要の『経済新秩序の形成原理』（一九四四年）における経済学の認識をたどっていこう。前編「経済新秩序の綜合弁証法」の第一章「経済哲学の日本的自覚」後半、第二章「政策学の弁証法的基礎付け」、第三章「経済政策における目的設定」、第四章「自然的均衡と有機的均衡」、第五章「経済統制の展開原理」、第六章「国家創意と個人創意」、第七章「ソ連計画経済における独立採算制」、第八章「経営共同体の綜合弁証法」、第九章「国防国家の経済体制」、補論「政治経済学の方向」で展開されたものである。

第一に、赤松が示唆する新興経済学の方向は、ゾンバルトを基礎とするものであった。つまり、赤松は、経済学が生活の必要から、つまり実践学あるいはゾンバルトの「規制経済学」として起こったと捉え、そして、経済学の科学性が確立するとともにこの実践学が《歴史、理論、政策》の各認識体系に分岐した、と考えた。これらは赤松の綜合弁証法においては、《直観的把握、概念的（悟性的）把握、綜合的（理性的）把握》にあたるものであり、直観と概念とは、理性的認識において綜合されていく。赤松の綜合弁証法とゾンバルトの規制経済学（実践学）を対照表として掲げておこう。そして、「理性的認識は最も現実的、具体的なる認識である」というときには、ヘーゲルが意識されている（一九頁）。赤松の経済学の基本的構成はこのように綜合弁証法に基

第5表　赤松の綜合弁証法とゾンバルトの規制経済学（実践学）

赤松の綜合弁証法	ゾンバルトの「規制経済学」
直観的把握	歴　史
概念的（悟性的）把握	理　論
綜合的（理性的）把握	政　策

づいて三階層をなすものであるが、「理論は歴史を止揚せるものであり、その止揚の仕方において歴史的理論ともなり合理的理論ともなり、歴史と理論また政策との一元的経済理論も成立する」（一九〜二〇頁）。

赤松は、政策学、経済政策について議論をするときにはドイツのヘーゲル、ウェーバーを参照しながら、経済政策の目的設定について議論をするときには、ドイツのゴットルにかなりの程度したがって、議論を進めていた。赤松が例をあげて論じたのは、政策の必要性が発生する場面であった。例えば、国際分業の進展が国防力を脆弱ならしめ、国家存立を危殆に陥れるようなときであった。「このような矛盾、詳言すれば経済の自動調節によっては止揚されえない構造的矛盾、即ち生活体の構成における不調和の動向に始発せられて一定の歴史的目的が浮び上り、政策目的として設定せられる」のであった（六八頁）。

第二に、赤松にとって、「構造的矛盾」は極めて重要な概念である。それは第四章「自然的均衡と有機的均衡」において、当時の世界経済の情勢認識と経営組織の変化に結びつけて、議論されていく。循環的矛盾が起こる根底には、徐々に進行しつつある経済構造の変動があった。その構造変動には、生産の機械化によってもたらされるという「実体経済的構造変動」、資本の集中化が進むという「観念経済的構造変動」、これらによってもたらされる諸国民経済の同質化という「世界経済的構造変動」などであった。これらの構造変動は機械化による供給能力の増加や、生産規模を大規模にして製品単位あたりの費用を下げるという規模の経済性に由来するのであるが、同時に、「価格の自動調整機能を喪失せしめ、そこに傾向的過剰供給の構造的矛盾を醸した」のであった（七五頁）。ここに、国内的に見れば、産業別あるいは規模別の組合、カルテルやトラスト等の自主統制という「経営の意識的構造変動」を生み出したのであった。このような国内の自主的統制は、この構造的矛盾の現象を世界の市場に押し出だすことになり、その結果として、世界的恐慌が「諸国民経済を逆に押し包み、自から吐き出した毒血の中に自己を漂わせることとなった」（七五頁）。それゆえ、諸国民経済は自己を主体として自覚し、国家的統制経済の新秩序を作り出さねばならなかった、と赤松は考えた。

しかし、世界経済的場面において発生する構造的矛盾は、各国民経済がそれぞれ独自に統制をすることによって完全に止揚しうるものではなく、そこには国家間の相克的矛盾をひき起こすことになるのであった。この諸国民経済間の相克は、ブロック経済的、あるいは世界経済的の新秩序の成立なくしては止揚されえないのであった。しかも、これは単なる条約の改正などによって達せられるごとき表面的なものでなく、根深い世界経済的構造変動の矛盾に根ざしているのであった。ここに戦争の危険が生まれ、満州事変はその導火線となり、そしていま、世界は満州事変以来、世界的新秩序の創造のために戦争時代に進み入った、と赤松は考えた。

創意と指導者原理

第三に、赤松のいう経済統制では、産業ごと、あるいは似たような規模の企業が集まって行う協同主義や自主統制のようなものが考えられていた。先述の「経済新体制」論における統制を進めるための三つの根本精神のうち二つ――「公益の優先」または「職分奉公」と、「指導者原理」――は密接に呼応していたともいえる。とくに、指導主義については、「競争と協同を止揚する」ものとして注目されていた。他方で、「経済新体制」において提唱された、経営マネジメントを無視し、費用・便益も考慮しない「生産重点主義の原則」の精神についてはまったく言及されていないところをみると、これは許容限度を越えていたと思われる。

第四に、赤松は「創意（イニシティチブ）」を強調したのであった。彼が、国家創意と個人創意の両方を一見して並列する形で論じたのは、時代状況のなせるわざであろう。創意は広狭に二つの意味をもっていて、広い意味では、一つの生活体の自発的意志活動のすべてを包括し、狭い意味では、新たなる発展をもたらすものだけを創意的とみなす。赤松にとって、創意は経済発展の動因なのであった。赤松の議論と思想性は、ソ連型社会主義経済体制を批判するところで、明快性の輝きをもつようになる。

経済の発展は個人創意によつて可能であることは自由経済時代よりの信念であり、また現実でもあつた。この点よりして社会主義に対する大きな批判が加へられ、個人創意を否定する経済社会にはその発展性なく、経済的文化は停滞するにいたるであらうと主張せられた。(一二四頁)

赤松は、マルクス主義において、個人創意が極めて低く評価されたことを指摘した。それゆえ、ロシアのように生産力の発達程度が低い国において社会主義が成立したときに最も重要な問題になるのは、生産力の促進であった。ソ連においても五カ年計画の進行にともなって、個人創意の重要性は次第に認められてきたのであるが、ソ連の五カ年計画が主として国家創意に基づくものであり、個人の創意を限定したことに経済計画の達成度の低さが現れている、と赤松は見ていた(一二四〜一二五頁)。それに対して、赤松は、「ナチス・ドイツにおける四カ年計画はまた国家創意の強力な発動であるが、ここでは始めより個人創意の尊重が標榜せられている」ことに注目している(一二五頁)。ナチス・ドイツの経済政策に対しては評価が甘くなったのは、政治問題より、経済問題を優先して考える姿勢から発生するものであった。

赤松は、個人の創意が経済の発展と調和にとって重要であることを、古典経済学者のアダム・スミスの思想に頼りながら、浮き彫りにしていくのであった。

経済の自己法則性は自由競争制の下において個人創意を動因とする価格経済の結局における

調和的な発展と均衡とを意味する。自由競争による私益追求が国民経済全体の公益増進に自然的に調和することはスミス学説の根幹をなす。（一一七～一一八頁）

第四に、赤松は、資本主義の壮大なる発展が主として個人の営利追及の努力によることを振り返りながらも、「ソ連当局がアメリカに次ぐ工業国と自負するまでにソ連の工業生産力は飛躍的に発展した」こと、「ソ連の数字的発表をそのままに信頼しえないとしても、その発展を驚異的であること」、したがって、「一国の経済的発展は資本主義制度における個人の創意的努力とは別個の国家の計画的努力、或は国家的創意によって達成しえられることが証明せられた」とした。ただし、工業生産力の発達が極めて低いロシアにおいて社会主義革命が起こったことは、マルクス理論への反逆であると繰り返し指摘したのであった。

技術者への視線

第五に、赤松は経営共同体の発展を分析した。営利企業では、資本ならびに資本家と、経営従業者とが分かれるようになった。そして当時は、企業の資本的支配は株式資本の分散化と利潤の利子化とによって次第に後退し、経営自体の中から経営指導者を生み出し、いわゆる資本と経営との分離、もっと的確には資本の経営への従属化が当時には一つの本質的動向として現われ、「かくして経営共同体への自覚に達した」のであった（一六八頁）。

ここで、赤松は、「技術陣としての従業者」を抽出したのであった。彼らはおのおのその職場において定められた技術作業を行うのであるが、同時にしばしば関連する新技術を発明しては改良しているのであった。こうした新技術の発明が始発動因となって、トップの（中長期的な）経営政策において新たなる経営目標が設定され、これにしたがって技術過程の再構築がなされるのであった。それは経営内部において発明、改良がなされた場合に限られることではない。社会一般にかかる技術的進歩が起こるときは、経営トップはそれを始発的動因として新目的を設定し、これに応じて経営技術の体系を再組織しなければならない。かくして、経営技術というものは単に経営指導者の経済判断から課題を受けとり、これを遂行するのみでなく、社会で起こった技術的変化が始発因子となって新しい経営観念が形成され、この観念が組織内の技術を再組織することも起こりうるのであった。

赤松は、経済と技術との関係について、ゴットルと宮田喜代蔵の明快な見解を簡明に紹介して、「技術が原因であって、経済が結果である」とする唯物史観的考察とは対照的な認識であることを確認したうえで、綜合弁証法に基づく技術論を提示したのであった。

［ゴットルと宮田喜代蔵によれば、］経済は統括者であり、技術はその限定者である。第一に経済は技術に対して問題を提供し、第二に技術は経済の意欲の可能性を説明し、第三に経済は技術に対し問題解決の方向を指示し、第四に技術は経済の提供した問題を現実に解決する。この

見解は……唯物史観的考察と全く逆であり、そこにゴットル的見解の主体性があるとみられる。しかし、［赤松の］綜合弁証法的に考察すればこの見解は主体の規制活動の一面のみに依存せるものであつて、意欲主体の経済的判断或は目的設定の始発的動因となるものに技術の変化を考へねばならない。（一七〇頁）

第六に、赤松は、国防国家の経済体制を考察した。そこで、初めて広域経済における経済発展の雁行形態論が議論された。一国民経済のなかで羽ばたいていた雁たちは、広域経済に飛び立っていく。言い換えれば、二次元の輸入量、生産量、輸出量の変化をしめす時系列グラフのなかに看取された雁たちが、三次元世界に飛び出し、雁の数を増やして躍動感を感じさせるようになるのである。雁たちが秋に北方から飛んでくるときには、逆V字型の飛行編隊をとるとも説明された（Akamatsu 1961：赤松 一九七四：七四）。

雁行形態的発展論の一般理論を思い出しておこう。赤松の産業発展の雁行形態では、第一段階として外来品の輸入が起こり、第二段階としてその自己生産と原料および生産財の輸入が生じ、第三段階として生産財の自己生産とその生産財による生産品の輸出が行われる。この過程は、消費財あるいは低質財より生産財あるいは高質財に波及し、これにともなって国民経済の産業構成が高度化する、と理論化されたのであった（一八九頁）。そして、ここでは、軍需産業、兵器調達に焦点がおかれたときに、広域経済形成の議論が登場してきたのであった（一八九～一九〇頁）。

すべての後進国が同様にかやうな雁行的発展をなし、世界経済が全面的に同質化するのでなく、諸国民経済は或る時点においては先進及び後進の雁行的序列に配列されてゐるのである。若干の後進新興の国民経済はその雁行的発展を急速に遂行して先進国と同質化するが、他のものは或る程度の段階に滞留しその工業化の速度は緩慢である。たとひ、後進国に漸次的に工業化が行はれ、消費財の自己生産を始めるとしても、先進国が発展性をもつ場合にはさらに先進国はより高度の生産財、より高質の消費財生産にその生産力を展開せしめ、後進国との間に謂ゆる高度異質化を計ることが可能である。(一八九頁)

赤松は、国防経済の要請に基づく広域経済においてはその中核国はその産業構成を高度化し、生産財を共栄圏諸国に輸出せねばならない、と考えていく。もちろん、その生産財を輸入する後進諸国においても工業化が進行する、つまり、広域経済の域内諸国の工業化も進行していく。それゆえ、中核国はその工業生産をつねに高度化し、そして広域経済内の高度異質化をつねに計らねばならない、と赤松は考えていた。雁が群れて飛ぶときには、中核国は先頭を飛び続けなくてはならないと考えていた。

3　世界経済転成の綜合弁証法

赤松要の『経済新秩序の形成原理』（一九四四年）の後編「世界経済転成の綜合弁証法」は、第一章「長期経済波動」、第二章「世界経済の異質化と同質化」、第三章「新興産業発展の雁行形態」、第四章「世界経済秩序の転成形態」、第五章「欧米帝国主義の批判」、第六章「経済戦争と世界経済」、第七章「広域経済形成への歴史的必然性」、第八章「世界新秩序と経済新体制の原理」からなった。赤松単著の『新世界経済年報』第九輯（一九四二年）や、赤松と小島清との共著『世界経済と技術』（一九四三年）と重複する議論も多いけれど、赤松の『経済新秩序の形成原理』では、「直観経済」や「概念経済」、「世界経済の異質化」や「世界経済の同質化」という哲学的概念がよりいっそう多用されたといえる。

まず、赤松は、世界の人口が主として農業生産に依存していた経済を、「直観経済」と呼んだ。そして、産業革命はイギリスを中心として世界の一角に直観経済とは異なる「概念経済」を明確に分裂せしめた、つまり、商工業経済が分裂したと捉えた。初期資本主義が概念的な都市経済を確立し、農村経済と対立したごとく、イギリスの産業革命は商工圏と農業圏との対立ももたらしたのであった。同様にして、世界経済レベルにおいても、概念経済と直観経済の対立がみられるようになっていく。

こうした世界経済の異質化によって自由貿易が促進されるのであった。異質化に始発される貿易が進むと、この異質化傾向にはある限界が訪れ、輸入されていた製品の製造が各地で進むようになる。つまり、異質化の進行は必然的に反対の同質化の傾向を生み出すのである。同質化傾向は、農業国の工業化と、工業国における農業衰勢の阻止運動に顕われ、また工業国間においても同一または類似商品の生産が併立する状態が看取されるようになる。

世界経済の同質化の起因となりうるものは、第一に、農業国において資本の蓄積が漸次に進行し、これが工業に投下されることによって、そこに幼稚工業が生育してくることである。第二には、先進工業国における資本蓄積ならびに集中が急速に進展し、国内投下資本の飽和と利潤率の低下をもたらし、したがって金利が高い後進国に投資が向かうことになるのである。第三には、先進国において重工業が著しく発達し、生産手段の生産が増大するとともに、この生産手段が資本輸出の実態として後進国に輸出され、そこに主として消費手段の生産の採算性が生まれることである。第四には、後進国の労働が先進国のそれより低廉であるため、前者の資本が後者に移植されることを促進したのである。

赤松は、貿易構成比のデータに顕われる異質化傾向、同質化傾向を確認した。そのうえで、第一次大戦後には、世界経済に同質化が起こっており、これは諸国民経済間の競争と反撥とを惹起するにいたったのであった。この同質化傾向はすでに第一次大戦以前より発生しつつあったのであるが、戦争によって欧州での消費財生産が休止していたことによって、日本など後進国の産業が勃興し、戦時中にこの同質化が急速に進行したのであった。

雁行形態論の成長

赤松は、ここでも雁行的発展形態の一般的な意味を確認した。新興産業発展を概括すると、「第一期、完成品輸入時代、第二期、自己生産の勃興と完成品輸入の減退時代、第三期、自己生産の輸出産業化時代とすることができる」（二九九頁）。これが、産業発展の雁行形態と名づけられたものであり、輸入の次に生産、生産の次に輸出が時を隔てて次々に興っていくのであった。そして、雁行形態論自体が成長する。

　この発展段階について、さらに考察を進めると、第一期の完成品の輸入は主として完成消費財の輸入であり、第二期の自己生産の勃興は原料品の輸入と共に生産機械器具の輸入を伴ふのである。第三期の輸出産業化の時代は生産手段――生産手段は原料を含むが、ここに主として完成生産手段たる機械等を意味するのである――の自己生産を確立してゐるのである。さらにまた輸入は完成品より半製品、原料品へと移行する。但し輸入完成品の減退はそのうちの粗製品より始まり、精製品はながく残留する。自己生産は半製品、粗製品より完成品、精製品へ、従つて輸出はまた半製品、粗製品より完成品、精製品への傾向を伴ふのである。（三〇〇頁）

孫だいちの描いた赤松

赤松いわく、「かかる産業発展の雁行形態は一つの弁証法的過程である」。そして、赤松の雁行形態論も弁証法的に発展して、広域経済の形成につながっていく。

赤松は、広域経済形成への歴史的必然性を、世界経済の再異質化、つまり、赤松のいう高度異質化と絡めて議論していく。赤松は、時代にある程度したがって、高度異質化の試みつまり世界経済同質化の打開策の第一は、企業家の始発的な努力あるいは国家の規制的な努力であるとした（四一七頁）。

赤松は、高度異質化形態は四分類を繰り返した。第一は、産業的高度異質化であり、重工業、化学工業、精密工業などへの転換である。第二は、品質的高度異質化であり、同一産業部門における高級品化傾向である。第三は、人類の欲望向上の方向に適合した品種的高度異質化であり、同一用途における新規、便利な品種の創案、また新規商品の生産による新たな用途開拓であった。第四は、生産方法の高度化で、低賃金を援護にした後進国工業との競争において、生産方法の合理化によりつねに高度段階に立ち、原価と価格とを比較的低位に維持することであった。

続いて、赤松は、後進国産業が完成財の輸入よりその自己生産へ、また生産手段の輸入よりその自己生産へ、国内的産業より輸出産業へ、低質品産業より高質品産業へ発展する過程を、「産業発展の雁行形態」と呼ぶことを確認する。そのうえで、「これは現在先進国たるドイツ、アメリカなどの通過せる過程であり、また我国が登りつつある道程である。しかして、我国の後ろには東亜の諸国が徐徐にこの道を登りつつ追跡してきたところである」とした（四一九～四二〇頁）。つまり、彼の雁行形態論が日本の産業の観察から生まれたものではあるが、以前は途上国であったドイツ、アメリカ、当時も（今も）途上国である東アジア諸国にもあてはまると、一般性を持っていることが強調されたのである。

赤松は、世界経済同質化を打開しようとする第二の試みとして、国際カルテルの結成をあげた。カルテルは、のちに自由競争を制限するものとして政府による規制の対象となっていく。二〇〇七年の時点においては、市場環境を変化させることを狙った資本提携や、合併・買収（M&A）があげられることになるであろう。

世界経済同質化の打開策としての第三の方途は、政治的協定による自由貿易制への復帰である。これは第一次欧州大戦後の国際連盟によって努力され、数次の国際経済会議の企図するところであった。もし政治的協定によって保護政策が緩和されれば、同質化傾向を促進した規制的動因を弱め、国際分業化への自然的傾向を強めることができるであろう、と赤松は考えた。

第四に、世界経済再異質化の方途として残されたものが、広域経済の新秩序であった。いまブロック経済を確立することによって、その圏内における物、人、貨幣・金融の移動が比較的自由になったときには、自然的に「放任されるとしても適地に適業が興り、自から異質的分業的経済関係が成立し、全体の生産力は高められ圏内の共存共栄が達せられるであろう」と、赤松は楽観的な見通しを示した（四二五頁）。

このように赤松にとって、ブロック経済あるいは広域経済は、自由貿易主義と保護貿易主義とを、あるいは国際主義と国民主義とを止揚し綜合する新たな世界経済秩序であった。赤松は、「経済圏の外部に対しては障壁を設け、圏内における交易を自由ならしめる意味において世界経済の秩序が単なる自由主義的、或は保護主義的秩序よりも高度化せるもの」であると主張した（四二五頁）。赤松は、統制経済の自覚的段階として、競争主義あるいは自由主義から協同主義へ、さらに協同主義から指導主義への段階に進んでいくと類型化した議論を再びもちだした。そして、赤松は、中核的国民経済が広域経済の経済指導をなしていくとし、その場合に最も大切なことは、競争主義の中に含まれる先進国としての高度異質化であるとした（四二六頁）。その意味するところは、絶えざる技術革新による製品・サービスの高度化であるといってよい。

赤松のこのあたりの議論は、現在においてもより高度化した形で技術立国をめざし続けている日本にそのまま当てはまるといってよい。

第7章　南方での経済資源調査

1　秋丸機関への参加

赤松要は一九四〇（昭和一五）年から四一年にかけて、陸軍参謀本部の秋丸機関の調査研究に協力した。四〇年二月頃に、陸軍主計中佐で軍務課戦争経済研究班長の秋丸次朗（一八九八〜一九九二）のもと、中山伊知郎、森田優三、有沢広巳、宮川実など約二〇名の学者が集められ、日本、英米、ドイツ、ソ連の戦争遂行能力の比較検討が開始された。中山いわく、それは、「いったい日本は、当時の戦争、つまり支那戦争［日中戦争］の二倍の規模の戦争が出来るか」についての研究であった（『中山伊知郎全集』別巻、六一頁）。赤松はソ連班の委嘱を受けて、ソ連の経済力を測定する委員会に参加した。赤松は、経済力測定の方法として、かつて名古屋の産業調査室で試みた経営分析による会社診断の応用を提案したが、採択されなかった。そのため、調査手段がかなり限られていたことは否めないが、結論に大きな影響は出なかったようである。赤松は四〇年九月に、初めて羽田より飛行機で飛び立ち、満州（現在の中国東北地方）、北京、張家口を調査のため旅行し、八達嶺の万里の長城を空から眺めたのであった。

秋丸機関の報告書は四一年九月に提出された。現在残っているのは、有沢と宮川が担当した「英米合作経済抗戦力」（其一）だけであり、あとは命令にしたがって消却されたようである（池尾一九九四他）。有沢と宮川らの班は、イギリスとアメリカが協力したときの軍事能力について詳しく調査した。投入 - 産出分析を駆使した最新のアメリカ経済研究であったワシリー・レオンチェフ（Wassily W. Leontief, 1906-99）の『アメリカ経済の構造、一九一九—一九三九』（一九四一年）も参照されたが、投入 - 産出表を作るには至らなかった。イギリスとアメリカの軍需産業を含む各産業の供給能力、産業別の就業者構成、船舶輸送力を含む輸入力、国民総支出の構成などについて、大量のデータが収集されて表やチャートにまとめられた。赤松は何も語らなかったが、英米合作経済抗戦力の研究からの結論は、次の四つであった。

一、英米合作すれば米国の供給余力を以て英国の供給不足を補い想定規模の戦争遂行に対して堪え得る経済抗戦力を有す。

二、英米合作は更に第三国に対して十四億ポンド（七十億ドル）余の軍需資材の供給余力を有す。

三、但し右の最大供給力の発揮には、開戦後一年乃至一年半の期間を要す。
四、英国船舶月平均五十万トン以上の撃沈は、米国の対英援助を無効ならしめるに充分である。
　蓋し英米合作の造船能力は一九四三年に於いて年六百万トンを多く超えることはないと考えられるからである。（秋丸機関「英米合作経済抗戦力」其二）

これは、日中戦争を超える戦争を開始することに対する否定的な答申であった。赤松は四一年初めから、毎週共同通信に時事評論を寄せていたが、同年一一月に書いたものの一つは「狂瀾を慴伏せよ」という題で、名古屋新聞に掲載された。これは当時進行中の日米交渉を成立させ、太平洋の狂瀾を静めよという意味であった。赤松はこの評論の最後を次のように結んでいた。

　果敢な宰相をして敢てせき立てしむることなかれ。先ず起らんとする狂瀾を慴伏せよ、この時、これを外に措いて大政治家のなすべき最大の事業ありや。

赤松は、日米の戦端を未然に防止することは日本空前の最大事業であると確信していた（赤松一九五八：五〇五～五〇六）。しかしながら、時局は急を告げ、一九四一年一二月に日本は大東亜戦争に突入した。するとまもなく、南方の占領地域が拡大するのにともなって、軍によって南方地域の調査が企画された。軍の構想は、マライ（マレイシア）、スマトラ、ビルマ（ミャンマー）

に満鉄調査部から三つの調査団をあて、ジャワに当時の東亜研究所、北ボルネオに太平洋協会、フィリピンに三菱経済研究所をあて、東京商大の東亜経済研究所がこれらの調査団を統括するというようなものであった。赤松は当初、東亜経済研究所はまだ建設過程にあるので、少人数の派遣にとどめたいと、高瀬学長に回答していた。しかし、赤松の進言は通らなかった。

南十字星の下へ

赤松は一九四二年一二月、南方に出発する直前に、学位論文『経済新秩序の形成原理』を提出した。序文には、大熊信行、宮田喜代蔵との討議に感謝し、井藤半弥、板垣与一からの影響を認め、若い佐々木重明と小島清に校正その他を委ね、一切を大熊の友情に託すことが記されており、赤松の覚悟の程がうかがえる。

わたくしはいま南十字星の下に赴かねばならぬ。もちろん第一線に銃をとる身ではないが、時に前線に出づることもあるべく、生死のことももとより期すべくもない。

赤松は四四年に九月に経済学博士号を受け、その新聞報道をクアラルンプールで読むことになる。本章でみる赤松の活動については、赤松の「自作年譜」（一九五八年）、「自画像　学問遍路」（一九七五年）、『歌集　わが旅路』（一九六一年）、板垣与一の『自己の中に永遠を』（文芸社、二〇〇四年）に基づいている。一九四三年一二月に南方に赴任し、四六年八月に帰還するまで約四年間、赤松は書斎での研究から離れることになった。赤松は、東京転任後は歌をあまり作らなくなっていたのであるが、南方赴任中には、他の時期より圧倒的に多い一〇〇〇首ほどの歌を作っており、彼の南方活動記録の一部になる。南方での調査資料の一切は、敗戦が決まり、終戦の詔勅を聞いたあと、消却命令が出されることになる。それでも、関係者の記憶に残ったデータは、戦後日本の対外政策を考察する際の材料となり、また経済データの収集、作成、処理にあたることによって蓄積されたノウハウを残し、そして民間貿易のための戦後制度設計への関心を引き継ぐことになったといってよい。

2　南方調査と人物交流

赤松要は東京商科大学の教授のまま、一九四三（昭和一八）年一月に南方総軍の軍政総監部の調査部長となり、初めは少将で、のちに中将待遇になった。高瀬学長が南方地域の調査企画の一翼に東京商大の東亜経済研究所をあてることを引き受け、そして、軍の企画に全面的に協力し赤松に団長として出かけてほしいと、ドイツで統計学的研究の訓練を受けたあとアメリカ訪問も果たした経済学者の杉本栄一が粘り強く力説したのであった。赤松は、「戦前、マルクス研究に踏み込んでいた杉本君の大転換に、少なからず驚いたのであるが、彼はたしかに、日本興廃の危機感によって思想的に右に変わっていた」と書いている（赤松一九七五：四四）。

赤松は南方に出発する半年前から、満鉄調査部、東亜研究所、太平洋協会、三菱経済研究所など練達の諸団体の幹部と南方の民族経済資源の調査の大綱を打ち合わせた。彼には、東京商大の東亜経済研究所が設立まもないことが意識された。赤松は、「結果からみて、われわれの構想した統一的調査要項はほとんど実施されず、各団のばらばらな方針による調査がおこなわれたのであった」と記している（赤松一九七五：四四）。それでも、海外で大規模な経済資源調査を繰り広げたことは、実施担当者たちにとって貴重な経験になったといえる。

東京商大での調査団は、東亜経済研究所を核としたが、通常の経済資源だけではなく、天然資源や医学にまで広げられ、総勢四十数名に上った。南方の軍政調査員として駐在したのは、赤松要、小田橋貞寿、石田竜次郎、板垣与一、山田勇、山田秀雄、大野精三郎、宇津木正らの名前があがっている（『一橋大学百二十年史』一五九頁）。経済学者の板垣与一（一九〇八〜二〇〇三）は一九四〇〜四一年に数カ月間、オランダ領インドネシア、タイ、フランス領インドシナ、台湾などに派遣され、とくにインドネシアの政策や文化についての研究文献を収集するなどの経験があった。経済学者の杉本栄一、山中篤太郎、高橋泰蔵（一九〇五〜八九）たちも参加し、飛行機で先発したとされるが、比較的短期間で帰国して商大での講義などにあたったと思われる。当時大学の経済学研究科にいた若い小島清については、本人が赤松に同行することを熱心に申し出てきたのであるが、「戦時といえども学問の芽を枯らしてはならない。一橋の学問のために残れ」と、赤松は小島を説得し慰留し、国際経済理論の研究に専念させたのであった。小島はまずは赤松との共著『世界経済と技術』（商工行政社、一九四三年）を仕上げることになる。

赤松は一九四二年一二月に、準備されていた飛行機の席を断り、決死の覚悟を決めて、板垣与一らとともに、神戸港から安芸丸に乗って南に向かった。赤松らの乗った船は、門司を離れるとともに、すでに敵の潜水艦が出没する海をジグザグにコースをとって、シンガポールまで経由地なしで直航した。イギリスに代わって日本が統治し始めると、シンガポールは昭南市と呼ばれるようになり、南方軍総司令部がおかれていた。八日間かけて無事に入港した夜、赤松の一行は船の中で感涙と感激の大ストームになった。赤松は船旅の様子を次のように書いている――「わたしの一等船室の側に浴室があり、団員もわたしの室に衣をぬぎ入浴。持ち込んだ酒を湯上りの客に献ず。バーテンダーと湯番をかねた八日間であった」（赤松 一九五八：五〇六）。

三つめの「第三の窓」

赤松は南方総軍の軍政総監部調査部長として、シンガポールに主に駐在し、三つめの「第三の窓」を開くべく仕事を開始した。彼は、満鉄調査部の担当するマライ、スマトラ、ビルマ、東亜研究所の担当するジャワ、太平洋協会の担当するボルネオ、三菱経済研究所の担当するフィリピンの調査地域を統括したのであった。方総軍軍政総監部の調査部長・少将――中将の公邸と生活は、イギリス統治時代の優雅なコロニアル式建物（現在のラッフルズ・ホテル）が引き継がれる形になり、赤松の「忘れえぬ思い出」の一場面となった。「家は豪華にして自動車あり、電気冷蔵庫あり、付属の家屋にマライ人の運転手一家族、華僑の料理人の一家族住む。事務時間後はシンガポール・ゴルフ場にてゴルフをやる」（赤松 一九五八：五〇六～五〇七）。

芸道の　みち遠ければ　君さびし　この恋をしも　乗りこえてゆけや

調査部員を南方各地に派遣して各調査団と連絡をとらせ、定期的に研究報告会を催しては、軍政の各方面にも参加を求めた。この研究会にいつも出席していた、当時のシンガポールの図書館長であった徳川義親は、学者タイプで、赤松は好感を覚えていた。

南方軍総司令官の寺内壽一元帥の宿舎には、既述のように、もとの広大なイギリス総督の公邸があてられた。著名な内外の使臣が訪れるたびに、そこで晩餐会が催された。赤松の印象に残ったのは客人たちを拾ってみよう。まず、大東亜会議の途上に立ち寄ったビルマ（ミャンマー）の初代首相のバーモ（一八九三～一九七七）である。ビルマは一九三七年にインドから分離独立し、四三年にバーモは対日協力政権の主席となって、ビルマより東に初めて派遣され、「東洋の歴史はじめて東に使わす」という名言を述べた。彼はラングーン陥落後、日本に亡命し、四六年にビルマに帰国する。その前後に、インドネシアのスカルノ（一九〇一～七〇）が訪問した。スカルノは一九二八年にインドネシア国民党を組織し、独立運動を起こしたが、二八年に逮捕され流刑となっていた。彼は四二年に日本軍により解放されていた。赤松は二次会でスカルノとドイツ語で話して親しくなり、スカルノは三カ月前に結婚したという女性の写真も懐中から出して赤松に見せていた。そして、インド独立運動の指導者チャンドラ・ボース（Subhas Chandra Bose, 1897–1945）はインド仮政府設立の大集会を催し、赤松を招待した。赤松は、アラカンを越えてインドに進軍すると彼が大きく腕を振ったとき、まさに時代の英雄という印象を受けた。関連する歌三首が作られた。

アラカンを　越えて進むと　いえるとき　その腕あがり大きくゆれぬ
東洋の　歴史はじめて　ひんがしに　使すという　バーモ博士は
スカルノーと　親しみのめば　新婚の　妻の写真を　われにみせにけり

赤松は一九四三年八月に、二週間にわたってジャワに調査に出かけた。外務省の竹中均一の案内を得て旅は快適であった。そのときに、インドネシアの政治家・経済学者のモハマド・ハッタ（一九〇二～八〇）を訪ねていた。ハッタはオランダに留学していたときから、民族運動に参加し、インドネシアのオランダからの独立に努力した。彼は一九四五年に共和国副大統領に就任し、四八年には首相を兼任するが、のちにスカルノの政策に反対して辞任することになる。

ハッタ氏を　わが訪いゆくや　オランダに　抗して立てる　人民議会（フォルクスラート）

一九四三年一一月五日、六日には、東京で「大東亜会議」が開催され、アジアの民族指導者たちの出席もえていた。その頃、民族実態調査を担当していた板垣与一は秋学科の講義のために南方から帰国しており、日比谷公園の野外ステージでチャンドラ・ボースの「舌端火を吐く獅子句《しく》」を聞いていた。会議が終わった数日後、都内の新聞はスカルノ、ハッタ、キ・バグース・ハディクスモ三氏の東京入りを報じていたが、スカルノは渡日が遅れて他の民族指導者たちとはすれ違いになっていた。板垣は、三人の滞在先の帝国ホテルを訪ね、ハッタに再会し、スカルノを紹介してもらうことになった（板垣二〇〇四：一七五）。

赤松が南方に再び目を転じると、ヨーロッパから追いやられてきたように見えた日本人二等兵もいた。逓信省公務局長まで務めた松前重義（一九〇一～九一）である。軍政部のある長官と赤松は、ある日、松前を招待したところ、ざんげ話を聞くことになった。戦前に、松前はテレビジョンの調査研究でドイツなどを旅行したあと、帰国して、女優の芝居などを移しているテレビは大したものではないと報告したとのことであった。しかしながら、実はガダルカナルの大海戦でアメリカの電波探知機に利用されるほど軍事的にも研究されていたのであった。松前がそのことを知らなかったという話が、赤松の心に沁みたという。もっとも、松前重義の『二等兵記』（日本出版協同、一九五〇年、および松前重義著作集第三巻、東海大学出版会、一九七七年）では、彼は東条総理の戦争政策に反対して、陸軍工兵二等兵として懲罰招集されたとなっている。実際のところ、普通は新米の多い二等兵が困難の多い南方に派遣されることはなかったのである。

3　戦局悪化

一九四三（昭和一八）年一二月、赤松は一時帰国を前にして、サイゴンの街で子供たちのために土産物を買うことはできたものの、テラスにあるカフェのテーブルでひそひそと語り合うフランス人女性たちが目についた。戦況は日本に極めて不利であった。そのようななか、日本に帰国して、赤松は、久しぶりに家族や友人たちに会って話をすることができ、妻貴子とは熱海に旅行した。

ひさびさに妻と会えれば二人きて　熱海の宿に世をばさけたり

赤松は、一二月末には南方に帰任した。

大戦（おおいくさ）なりゆく果てのはかられず　妻子らとまた　別れきしかな

戦争はいよいよ苛烈になり、日本の敗戦が濃厚となってきた。一九四四年四月以降、寺内元帥の南方総軍司令部はシンガポールからフィリピンに移駐し、赤松の調査部はマライ軍政部に移されて、彼はマライ軍政監部調査部長となり、マライ地域の調査を直接担当することになった。赤松は四四年五月にシンガポールからクアラルンプールに移駐し、軍はマライの北部に備えてその司令部を北辺のタイピンに移した。赤松たちは時に、緊急会議のため、ゲリラ活動をする共産主義者たちが出没する山道を二〇〇哩《マイル》急行することもあった。途中で、自動車を撃たれたものもあり、すべて運命を天に任すほかなかった。

赤松はクアラルンプールにいたとき、マライ軍指令官と酒席ではあるが、論争になったことがある。一部の兵士たちから情報を仕入れたうえで、赤松は次のように一応は挑んだのであった。

海岸線の長いマライのある地点に敵が上陸したとすれば、そこに兵を急速に結集せねばならない。そのために軍はしきりに兵隊の駈足訓練をやっていた。わたしは司令官になぜもっとトラック部隊を準備しなかったのか。兵隊を日本精神で鍛えるのはよいとしても、日本精神のために軍の機械化なり、機動力がおろそかになってはいないか。車を使用することを進言した兵が上官から楽をすることを考えるなと一喝されたそうだ。大東亜戦争は日本精神のために敗北するおそれがある。というのがわたくしの論旨だった。しかし、時既に遅しだ。海軍はフィリピンを失い、陸軍はインドのインパール作戦に破れていた。（赤松 一九七五：四六）

秋丸機関での調査に協力した赤松にとっては、大東亜戦争の帰結は当初から予想されていた。それでも、いよいよ覚悟すべきときが来たと悟ったのである。

茶の香りかぎつつ人の運命の　わかれ路をわが心に決めつ

赤松は、調査員のうちタイピストなど約五名の女性要員を日本に帰還させることを決意した。そして、赤松は最後の病院船の阿波丸に乗りこめるようにと極力交渉したが、すでに満員であるということで乗船許可が下りなかった。赤松は女性たちに皆と生死をともにすべきことを申し渡すほかなかった。しかしながら、出港した阿波丸は撃沈され、乗船員は全員死亡した。終戦後、五名の女性要員たちは無事に帰還することができたので、「運命まさに逆睹しがたし」と感じ入るほかなかった。

他方で、サイパンにいた日本人女性が海に身を投じて命を絶った知らせを受け、悲痛な想いで胸がしめつけられた。

サイパンは玉砕せりとそぞろ立つ　庭に真紅のカンナ身に泌む

日本からひさびさに届いた便りには、子供が描いた畑に立ち鍬をふるう妻の姿があった。しかしその後は、海路が断たれて、国からの便りも絶えることになる。妻が縫ってくれた服にも破れがめだってきた。

一九四五年の元旦に、調査部では宴を催すことはできたが、赤松たちはこの年に運命が決まることを予想していた。

皇国の興廃われらの生き死にを　秘むる年なり乾せこの盃を

4　マライの独立運動と敗戦

一九四四（昭和一九）年八月以来、土侯（サルタン）対策の一環として、マライの各州に「回教評議会」が設立され、一二月一三日から一五日までの三日間、クアラカンサーで「全馬来最高回教会議」が開催された。これはのちに板垣与一は彼や鈴木朝秀（北海道大学）が担当したと語っている（板垣二〇〇四：一三八）。板垣は軍政下マライ各地の民族実態調査に従事していたが、四四年以降、華僑対策、土侯対策、回教対策などに関連して、調査を超えた行政上の協力を要請されるようになっていた。さらに板垣は語学の達人で、少なくとも、英語、オランダ語、マライ語、インドネシア語を操っていた。それゆえ、板垣は赤松要団長のいわば秘書として終始起居をともにし、企画に参加して渉外事項に携わることになっていった。

戦局が移り変わってB29の爆撃を受け始めると、学術調査どころではなくなっていった。軍参謀は調査部を現地人補導所に変え、現地人を宣撫するため調査部員をマライの各地に分散させた。敵の上陸作戦に備えるために、マライ人に対する民族政策が急務であると痛感されるようになった。そのとき赤松や板垣はマライの独立布告をいまこそ打つべしと考えた。つまり、現地人を日本側に引きつけ、イギリス軍にも抵抗できるようにしておくためには、マライの独立を約束すべきであると考えたのである。これを軍政監部総務部長梅津少将（軍参謀）に進言したところ、東京の御前会議でマライの独立は認めないと決まっているので、当初は駄目だとされた。

一九四五年五月二日、三日の両日、シンガポール第七方面司令部（司令官板垣征四郎大将）において、ジャワ、スマトラ、セレベス、マライ軍政監部総務部長および情報主任参謀第一回会議が開催された。赤松と板垣もこの会議に出席した。外務省関係では、ジャワから斉藤鎮男、セレベスから光藤俊雄が参加した。議題の中心は、インドネシアの独立をめぐる問題と、各地域の原住民に対する民心把握対策であった。いうまでもなく、マライの民族運動、民族対策については、立ち入った議論をすることがタブー視されていたので、ここでも正式の議題とはならなかった。

赤松と板垣のマライ独立支援

そこで、赤松は自身の責任において秘密裏にマライの独立運動を起こすことを決意し、そして、板垣与一がすばらしい活躍を見せたのであった。上の会議の翌日に、板垣は参謀長と非公式に話題にすることができたばかりか、マライ人民心把握対策推進のために義勇軍隊長のイブラヒム・ビン・ヤーコブを起用し、彼の協力を求めることに同意を得たのであった。

その夜のうちに、板垣はタンジョン・カトンのイブラヒムの家で、イブラヒムの同志たちと非公式の会合をもった。そして彼は、イブラヒムがマライ民族運動の指導者として活動してよいと参謀長が許可したことを伝えたのであった。一座は急に静まり返り、顔を見合わせていた。イブラヒムが次のように語って沈黙を破ったのであった。

マラヤ民族の独立は、かねてからのわれわれの熱烈な願望である。しかしわれわれの願望も日本軍政下にあって、完全に抑圧されてしまった。教授は真実を語るものとして、あなたの言を信用するが、今すぐ返事をするわけにいかない。私の右腕である馬来青年同盟の副党首、ムスタファ・ビン・フシンの同意がなければ、何事も始められないし、また初めても成功の見込みはない。同士八百を動かすためには、彼の指示協力が絶対に必要なのだ。しかし……彼は……［今］タイピンから三十キロほど北にある農村に引篭って百姓をしながら暮らしている。

（板垣二〇〇四：一四二）

板垣は、イブラヒムがムスタファの協力を得られるように説得できるかが大きな課題であることを理解し、イブラヒムにマライ半島を旅行してマライ人が何を考えているかを確かめることを提案して了解を得た。イブラヒムは民族運動の名称として「ククワタン・ラーヤット・イスティメワ」（民衆総力結集）を、略称としてそれぞれの頭文字をとった「クリス」運動を使うことを提案した。クリスはマライの伝統的な護身用の小さな刀を指したので、マライ人にはわかりやすい簡潔で鋭い名称であった。そのあとはマカン・プッサール（大饗宴）の賑やかさとなり、板垣もマライ語の四行詩（パントゥン）を唄って喝采を博したのであった。

板垣は翌日、第七方面司令部を訪ねて、情報主任参謀と会見した。そして、積極的なマライ人の民心把握対策として、民族運動の指導者を活用することが有意義であると力説した。そして、この問題で馬来軍政監部を動かすためには、第七方面軍参謀長から第二九軍参謀長（馬来軍政監部兼務）宛ての指令書が必要になるので、それを電報で打ってほしいと懇請した。その少佐参謀は板垣の進言を受け入れ、しかも板垣が起案した電文をすぐに発信してくれたのであった。板垣にとって意外なほどことはすらすらと運んだのであった。

マライの独立運動へ

その翌々日、板垣はイブラヒムと一緒にシンガポールを出発し、夕方にはクアラルンプール駅に着いて一泊した。翌日にはタイピンに着いて、板垣はただちに軍政監部に出頭し、総務部長梅津少将に帰任の挨拶をした。梅津少将が「君の考えている通りになってきた。いよいよ馬来の民族運動を激励する時機がきた」と、第七方面軍から届いた（板垣起案の）指令電報を手にしてたいそう喜んでいるのを、板垣は何くわぬ顔で眺めていたのであった。

それから三日後くらいに、イブラヒムがムスタファとタイピンに住む同士五名を同伴して、赤松調査部長の宿舎に板垣を訪ねてきた。半信半疑のムスタファを、イブラヒムが板垣や赤松に直接面会することまでは説得できたのであった。

歴史的な重要事であるので、赤松自身の説明をここで引用しておこう。

それでわたくしの責任において秘密にマライの独立運動をおこすことを決意し、板垣与一教授と計ってマライの民族指導者を数名わたくしの宿舎に招き、マライの独立が実現するよう極力努力するからきみたちもやってくれ、イギリス軍が再来したら再び植民地となるではないか。ところが、この主旨はやがて総軍参謀も認めることになり、御前会議はどうでも、軍がマライ独立に乗りだすことになった。（赤松 一九七五：四六）

そうして、ムスタファたちは、総務部長に直接会って軍の真意を確かめようという板垣の提案を受け入れた。総務部長宅に電話をかけると、はたして「直ぐやって来い、歓迎する」との返事が返ってきた。

一同は総務部長宅の広い応接間に入り、思い思いの椅子に腰をかけて、梅津少将の話が始まるのを緊張して待つことになった。梅津少将は軍人らしいきびきびした口調で切り出した。

諸君、よくやってきてくれた。率直に言って、日本軍のこれまでの馬来民族政策は、根本的に間違っていた。私はこの機会にそのことをはっきり言っておきた。遅きに過ぎたうらみはあるが、これからはこの間違いを改め、諸君の民族的願望に応えるように、全力を尽くしたい。

もちろん現在まだ戦争最中なので、今すぐに実現というわけにはいかないが、諸君の協力次第で、その日の近いことを確信している。軍政に対してこれまで諸君がいだいている不満や苦情があるなら、それを遠慮なく聞かしてほしい。（板垣二〇〇四：一四五）

通訳していた板垣にとって、発言の内容といい、その態度といい、胸がすくように感じられるものであった。イブラヒムは、どうだ、私の言ったことは本当だろう、と言わんばかりの目で、ムスタファの顔を見つめた。それまで浮かぬ面持ちだったムスタファ氏の顔に、初めて晴れやかな微笑が浮かび、他のものはすっかり虚をつかれたようで唖然としていた。板垣はのちに、「『日本軍のこれまでの馬来民族政策は、根本的に間違っていた』という率直な告白の最初の一句を通訳した時に私の感激は、いまだに忘れられない」と、書き記している（板垣二〇〇四：一四六）。

シンガポールへの帰路、イブラヒムはマライの各州の首都に立ち寄り、同志を集めて、クリス運動を前進させる地方指導者各一〇名くらいを単位とする支部の組織作りに成功した。板垣与一の助力で、クアラルンプールで八月一七、一八日頃に、全マライ各州青年代表者会議の名で、クリス運動結成大会を開催する準備が進められた。しかし、このマライの会議の開催の前に終戦を迎え、板垣はクアラルンプールに向かう途中、イポー市でラジオから終戦の詔勅を聞くことになった。放送は雑音と周波数の関係で明瞭には聴き取れなかったが終戦の詔勅であることはわかり、放送が終わったあとに同盟支局の通信技手がモールス暗号文を解読した刷り物を見せた。板垣には、この詔勅が近く出るなどと事前には伝っていなかった。彼には青天の霹靂で、万事急変し、クリス運動を支えることができなくなった。結局、マライの指導者たちはイギリス軍を避けていったん四散することになった。しかし、インドネシアの独立は間に合った。

終戦詔勅

赤松には八月一〇日頃に、終戦詔勅が八月一五日に出るという情報が、新聞記者から伝えられていた。一二日には、スカルノが寺内元帥からインドネシアの独立認許を受け取り、サイゴンからタイピン飛行場に着くとの知らせを受けた。赤松と板垣は急いで、飛行場で出迎えた。飛行機から降りてきたスカルノは赤松を覚えていて、握手を求められて「プロフェッサー・アカマツ」と声をかけてきた。一年半ほど前に会ったときのことを忘れていなかったのである。

続いてハッタが降りてきた。赤松がハッタと最初に出会ったのは、ジャワ旅行をしたときで、ジャカルタの議事堂にハッタを訪ねて、彼のいうコミュナール・デモクラシー（共同体民主主義か）について一時間以上英語で話し合ったのであった。しかし、ハッタは赤松のことを覚えていなかった。赤松は、スカルノは政治家であり、ハッタは学者であると感じた。日本側はほぼ、日本の降伏が近いことを知っていた。スカルノも知っていたのではないかと思われたが、何食わぬ顔をしてインドネシアの独立宣言のことなどを話して、やがて彼らは飛行機で発っていった。

チャンドラ・ボースはといえば、四三年一〇月にシンガポールに自由インド臨時政府を樹立した。彼は同四三年五月にラングーンが陥落するまで、三万五〇〇〇の独立軍を擁して日本に協力したが、大勢を逆転させることはできなかった。日本の敗戦後、ボースは日本に向かう途中、八月一九日に台北空港で搭乗機が離陸に失敗して墜落し、その波乱万丈の生涯を終えた。

遡るが、赤松たちは八月一五日正午に始まった終戦の詔勅を室内で起立して聴いた。

八紘の宇（いえ）みるみるに崩れゆく　めまいにたえて詔きはべる
おちこちに嗚咽きこえて室内に　林のごとくひと立ちつくす
老将軍涙ふきつつようやくに　言葉いでけり承詔必謹

この瞬間は数日前から予期されていたことだった。そして、書類を焼却せよとの、赤松にとっては予期せぬより衝撃の大きな命令が来た。プリントした数十冊の調査報告が火焔樹のごとく燃えあがった。赤松は調査を惜しんで、一揃いの調査報告書を宿舎に密かに残し、「これは日本の学術調査団の報告であるから利用されれば幸いである」と英文で書いた紙片を添えておいた。その後、これがどうなったかは不明のままである（二〇〇六年一二月に、小島清氏は、調査書類は一切残っていない、と筆者に伝えられた）。

収容所から帰還へ

非武装の赤松たちですら、イギリス軍により幾十もの機関銃の銃口を向けられ、室内を隈なく検査された。そして、彼らはすすだらけのゴム焼き小屋に収容され、敗残の身を実感させられた。食糧事情は期待するべくもなかった。青ものの糧が出なかったので、野草を採って糧にしようとしたところ、貧しい農夫に「マカンタボレ（食えない）」と注意され憐れまれることもあった。

一九四五年末に、赤松たちはシンガポール沖にある無人島だったレンバン島に移されて、辛酸をなめた。赤松たちは泥や湿気と闘いながら、丸太で卓の脚を作るなどしなくてはならなかった。また配給の食糧が足りなかったので、木の若葉や海草を粥に入れてすするほかなく、空腹に耐え、あばらのはれ（胸にあらわれたあばら骨の「腫れ」）をなでることになった。しばらくすると、野菜やタピオカを栽培し始めて食生活は多少改善したものの、「亡き母に鯛ちりをもてなされる」夢をみるほどであった。黄色の花を咲かせた後、胡瓜の成長は早く、毎日食べられる時期もあった。

一九四六年になって帰還が始まった。赤松は、四月にシンガポールに召還されて鉄格子の窓の収容所ジュロン・キャンプに入れられた。そしてイギリス軍から厳しい取調べを一通り受けた。東京商科大学の講師だったプリンクレーからビールとサンドイッチの馳走を受けたときには、まさに地獄で仏に会った思いで、人間の世界に戻った心地がした。その間に、赤松はケインズの『雇用、利子及び貨幣の一般理論』（一九三六年）の原書をどうにかして手に入れ、むさぼり読んだのであった（もっとも、赤松が総需要管理を唱えるケインジアンに「転向」することはなく、彼は供給サイドの経済学者をつらぬいた）。赤松は、（マラリア加療中の）板垣与一が依頼された日本語の調査書類の英訳の手伝いもした。そして、赤松と板垣は帰還する調査部のしんがりとして、シンガポールを七月二四日に出航するリバティ船に乗ることが許可された。船底の床でも他人の足に阻まれて自分の足を伸ばしては眠れないほど、船内は多くの日本人で混み合っていた。八月五日に「海上に富士の霊峰を仰いで」（板垣の表現）浦賀に到着した。赤松は、奇しくも七日の誕生日に国立の家に帰り着いたのであった。

帰還後、板垣与一はマライやインドネシアの宗教や政治学、民族運動を研究し、単著『アジアの民族主義と経済発展：東南アジア近代化の起点』（東洋経済新報社、一九六二年）や編著『インドネシアの経済社会構造』（アジア経済研究所、一九六三年）など多数の著作を公刊し、様々な社会活動、学界活動も繰り広げ、アジア問題や資源政策についての的確な時事的発言も行っていった。帰還後の赤松の活躍については、次章以降でみていこう。

東アジアとオーストラリア

ここで、戦後の東アジアの地域協力をごく簡単にみておこう。

東南アジア諸国連合（ＡＳＥＡＮ）が一九六七年八月に、バンコクで開催された東南アジア五カ国外相会議の最終日において「東南アジア諸国連合設立宣言」(通称「バンコク宣言」)を採択することによって発足した。その目的は、①域内における経済成長、社会・文化的発展の促進、②地域における政治・経済的安定の確保、③域内諸問題の解決、である。

一九六七年時点での原加盟国は、インドネシア、マレイシア、フィリピン、シンガポール、タイの五カ国であった。八四年一月にブルネイ、九五年七月ヴェトナム、九七年七月にラオスとミャンマー、九九年四月にカンボディアが加盟し、一〇カ国となったのである。

そして、二〇〇三年は、アセアンと日本の「未来のための協力」のイニシアティブの一つとして、「日本アセアン交流年」と位置づけられ、両者のパートナーシップの構築を進めていくために様々な交流が行われた。ちなみに、〇三年は、アセアン文化基金設立二五周年、日・インドネシア友好通商条約締結四〇周年、日・カンボディア外交関係樹立五〇周年、日越外交関係樹立三〇周年という節目の年でもあった。

また、二〇〇七年には、日豪通商条約締結五〇周年を迎え、三月には安全保障協力に関する日豪共同宣言が発表された。

第8章　終戦後の社会貢献と国際交流

1　教職と公職の適格審査

赤松要が一九四六（昭和二一）年に南方調査から帰還すると、教職および公職の適格審査を受けることになった。生きては帰れないかもしれないと腹をくくって出立したので、帰還して命を拾ったように感じられていた。それゆえ、適格審査を受けるにあたって覚悟は決まっていた。

教職適格審査は東京商科大学の内部委員会で行われた。南方占領地での軍への協力は学長の命令によるものであったので、赤松個人は責任を問われない。しかし赤松は、準戦体制になってから書いたものには相当問題になるものもあっただろうと推測していた。赤松は例として、中山伊知郎、大熊信行、彼の三人の論集『国防経済総論』（巌松堂書店、一九四二年）のなかにある、彼の「国防経済学の綜合弁証法」をあげている。平和経済から戦時経済への移行過程が綜合弁証法に則って論じられていた。しかし赤松いわく、「論理のむつかしさのためか、とにかく適格と認められた」のであった（赤松 一九七五：四八）。赤松の次の推測はそのまま引用しておこう。

おそらく、わたくしが南方に出かけないでいたら、戦時中いろいろなものを書かされたりして、大熊信行と同様必ずや不適格となったであろう。南方に出かけたことは幸いであったか不幸であったのか。（赤松 一九七五：四八）

誰に書かされることになっただろうかは、赤松ははっきり書いていない。ただ戦時中、商科大学は、上からの法文系圧縮攻勢と「商業教育否定論」とから身を護る必要性を感じていて、戦時体制の合理的運営をめぐる研究や政策立案に対する協力が、様々な方面から求められていた（『一橋大学百二十年史』）。株主の権利や商業自体が制限され、高等商業学校や商科大学は「商科」の二文字を避けることになり、東京商科大学の場合は東京産業大学に名称変更していたのであった。

他方、公職追放委員会については、すぐにはパスせず、審査が何度も後回しになったと、赤松は聞かされた。そして、不思議なことに、文部省の誰かが赤松に対して有利な発言をしたという話も伝わってきた。文部省の誰かが赤松を弁護したということで、彼には思い当たることがあった。赤松の学位論文の認可が文部省からすぐには下りなかった問題である。

赤松は、南方に出かける前の一九四二年秋に、大熊信行たちの勧めで学位論文を教授会に提出することにしたのであった。それまでに書いた論文を整理して『経済新秩序の形成原理』と題することにしたものの、出発までに間に合わなかった。それでも出版されたものは研究書として見事に整えられていたので、仕上げをした小島清には相当な煩労をかけたようだと赤松は推測した。このようにして、赤松の論文は教授会に提出され、四三年春に教授会を通過したと伝えられた。そのあとの文部省の認可発表が通常よりかなり遅れたのであった。赤松はこれを四四年の秋にクアラルンプールにおいて、日本から届いた新聞が、彼への学位授与を報じていたことから知ったのであった。赤松は、文部省の認可発表が教授会通過後一〇カ月以上も手間取るというのはおかしいと思っていたものの、南方にいるとそのまま忘れ気味になっていた。

学位論文「改訂」問題

赤松は帰還後、小島清から説明を受けた。赤松の学位論文が文部省の忌避にふれて、商大学長は論文のある箇所を改訂するようにと要求されたのであった。赤松論文の骨子をなす哲学理論は綜合的弁証法であるが、この理論によって天皇制を解釈した箇所があったのである（第六章）。赤松の趣旨は、天皇の大御心は民の本質的動向に即する現実的行為で、民の心よりいでて民の心を規制するものであるということであった。

赤松は、文部省の戦中当時の「思想取締りの元締めであった教学局」の担当者が、以前の詔勅などを知らないので、赤松の天皇制の解釈を「排撃すべきデモクラシーの思想であるとしたのだ」

と理解した。そのため、教学局は商大学長に対して、その箇所を改訂するように要求したと赤松は事態を解釈した。赤松は終戦帰還後、高瀬前学長からこの学位論文認可問題については一言も聞かされなかった。赤松は、前学長が嫌な話をすることを避けたと考え、また、教学局から要求が来たときには学長もずいぶん困ったのではないかと同情もしている。提出後の学位論文の改訂要求に応じるなどということは由々しき重大事であり、通常ならば、提出者である赤松本人に連絡して、改訂の同意を確認したうえでのみなされなければならない。しかし、戦局がいよいよ苛烈になりつつあった状況のもとで、南方にいる赤松に通知すべきかどうか迷ったに相違ないと、赤松は推断したのであった（赤松 一九七五：四九）。

赤松の推測は続く。当時の高瀬学長が亡くなっていることを鑑みての、学長の戦時中の判断と処理にかかわる推測には、赤松の感謝もこめられており、また教学局に対する改めての厳しい批判を含んでいるので、生の表現を記すべきであろう。

おそらく高瀬学長は自分で責任をとるつもりで、教学局の要請のとおり論文を改訂し、それで文部大臣の認可を得、わたくしに学位を授与することにしたと思われる。教学局は大御心は民の心に即するものではなく皇祖皇宗の御心に由来するものであると書き改むべきだとしたので、学長はその通りに改訂したのである。わたくしは帰還後、この話をきき愕然としたが、むしろ学長の処理に感謝する気持ちにさえなった。しかし、自分の理論をまげた論文でもらった学位は返上すべきではないかとも考えたが、ついにそのことも黙して語らないことにした。いま高瀬荘太郎氏はすでに故人であるので、ここに書くわけである。

　実は教学局の改訂は……ヘーゲル的一元論を二元論に分裂せしめ、綜合弁証法を分断するものであった。すなわち、教学局の思想は大御心を皇祖皇宗の御心とし、民の心から切り離す二元論であった。綜合弁証法では、民の心の本質が大御心に他ならない。大御心は「民の心よりいでて民の心を規制する」という一元論に立つものである。教学局の改修は綜合弁証法の根本原理を破壊し、一元論を二元論に変質せしめるものであった。したがって教学局の横槍が学長からわたくしに伝ったとすれば、わたくしはこれを拒否したに相違なく、教授会を通過した論文を文部省が認可しないということで、また御法度のデモクラシーの思想をもつものが南方軍の調査部長であるということで相当の波乱をおこしたことであろう。このため理想社から出版していた「新経済秩序の形成原理」は小島君の配慮で改訂第二版が出された。わたくしとしては改訂版は誤りで、初版が正しいのである。

　戦争中、教学局によってわたくしの思想はデモクラシーであるとして排撃され、学位論文は神がかり的に改修されたが、その一年後に終戦となり、そこに大きな価値観念の革命が起こった。戦時中に拒否されたものはすべて時代の脚光を浴びることになり、戦時中に謳歌されたものは転落か追放されることになった。（赤松　一九七五：四九〜五〇）

公職追放は恒久的措置ではなかったとはいえ、また公職追放措置にはならなかった場合においても、公職追放委員会において審査を受ける過程また公職追放委員会の存在そのものが、社会的、知的な生活全般において、不愉快で、自由な研究への障害として存在していたに違いない。

2 ケインズ理論批判

赤松要は再び教壇に立つことができたが、経済学界の傾向は一変していた。赤松たちが学び教えていたドイツ歴史学派はまったく地に落ちたようにみえ、ケインズ思想あるいはマルクス思想がいわば燎原の火のように日本の学界を風靡していた。南方で収容されていた時にケインズの『雇用、利子及び貨幣の一般理論』（一九三六年）を読み終えていたことは、赤松にとって幸いであった。赤松はケインズの理論に対して根本的な疑問を抱いていた。赤松は戦後の日本経済の混乱と停滞を目の当たりにして、次のように思考をめぐらせた。

ケインズの思想は一九三〇年代の大不況に矛盾から生まれたものであるが、それが戦後のインフレ時代にも通用することはおかしいではないか。もちろん戦後のインフレ時代にも失業はあった。しかし、それは例えば原料としての綿花がないために紡績工場が経逸されたままであるとか、動力としての石炭が不足しているために工場が稼動しないとかのため、軍需産業からの転換労働者や帰還兵員を吸収できないことによるのであった。そこには過剰生産と需要不足によるケインズ的あるいはマルクス的失業があるのでなく、物質不足の過少生産恐慌のさなかにおける失業があった。（赤松 一九七五：五一）

一九四六（昭和二一）年に、吉田内閣において石橋湛山（一八八四〜一九七三）が大蔵大臣に就任し、大臣就任演説でケインジアンとしての政策提案を行ったのであった。石橋は、ケインズの真性インフレーションの定義を参照しながら、当時の日本経済のように遊休生産要素がある場合には、赤字財政の発動にたより通貨を増発してもインフレは発生しないと主張したのである。石橋の演説においてしばしば引用されるのは次の箇所である。

あらゆる現存生産諸要素の完全稼働、すなわちフル・エンプロイメントの実現こそは、われわれの目がけねばならぬ財政経済政策の最大の目標と考えている次第である。／かつて英国のケインズ卿は、真の意味のインフレなるものを定義し、経済がすでにフル・エンプロイメントの状態を示し、あらゆる生産要素、すなわち人も設備もすでにフルに稼働している場合において、なおその上に購買力が注入される時に起こる現象である、というたのも以上の意味である。／国に失業者があり、遊休生産要素の存する場合の財政の第一要義は、これらの遊休生産要素を動員し、これに生産活動を再開せしめることにあると考える。この目的を遂行するためならば、たとえ財政に赤字を生じ、ために通貨の増発をきたしてもなんらさしつかえない。(『石橋湛山全集』第一三巻、東洋経済新報社、一九七〇：一八八〜一八九、一九一、一九二)

そして石橋は、赤松の想像とは異なり、急にケインズに注目するようになったのではなかった。石橋は経済ジャーナリストだった時代の一九一九年に、パリで結ばれた平和条約、続いてケインズの『平和の経済的帰結』(一九一九年)を『週刊東洋経済新報』に紹介して以来、一貫してケインズの政策提案や理論に注目してきたのであった。ケインズの新しい理論に則って、石橋は復興金融公庫の融資を通じて経済に政策的刺激を与えることにより、日本経済は回復軌道に乗りうると信じていたのであった。しかしながら、この貨幣増発による経済刺激策は、石橋自身の公職追放によって方向転換させられたのであった。複雑な事情があるのでここでは詳細を控えるが、赤松の認識には、連合国占領軍の一員として来日していたアメリカ人経済学者のM・ブロンフェンブレナーの認識と共通するものがあることだけは指摘しておく(詳しくは、池尾二〇〇六：第六章などを参照することができる)。

供給乗数理論

赤松は一九四八年二月に、ジャーナリストで公職追放中の岡野鑑が創刊したばかりの雑誌『経済』に、「供給乗数理論の提案――ケインズ乗数理論の批判」を寄稿した。赤松はそこでケインズの投資乗数論を「需要乗数」と名づけ、それに対立する概念として「供給乗数」の語は提示したのであった。赤松は、ケインズが投資効果として、有効需要の創出しか見ておらず、投資がもたらす財の供給増加効果をほとんど無視したことを指摘したのであった。赤松の主張をたどると、インフレと物不足の時期において、有効需要を創出する政策をとるとなればいよいよインフレを悪化させ、それゆえ実質国民所得を増大することには決してならないこと、物資不足のときにはまず物資を生産して供給を増加させることこそが雇用と所得の増加につながっていく、というものであった。赤松は明らかに傾斜生産方式を念頭において、石炭、鉄鋼の生産を優先するという政策を支持する議論を展開し、さらに輸出だけが国民所得創出効果を持つと想定してケインジアンのロイ・ハロッド（Roy Forbes Harrod, 1900–78）が「貿易乗数」と呼んだ概念に対して「輸出乗数」という名称を与えて批判を繰り広げたのであった。

　赤松の議論を要約しよう。例えば、石炭が増産となれば、それによって鉄鋼の生産が回復し、そこに雇用も増加する。鉄鋼製品の増加はそれを投入する機械器具の生産を促進し、それはさらに機械器具を投入する次の生産段階の雇用と産出とを増加する。これは次々に関連する産業に生産効果を波及させ、そこに雇用と産出との乗数効果を生ぜしめるのであった。赤松の供給乗数過程において漏損となるのは消費と輸出であり、貯蓄と輸入がインフレを抑え、実質国民所得を増大させることになると推論され、「輸入乗数」という概念を提示して、ケインズ理論との対立を鮮明にした。ケインズ流の乗数理論では貯蓄と輸入が国民所得からの漏損とみなされるので、そうした発想法とはまったく逆だったのである。赤松の例では、終戦直後の綿花の輸入は紡績工場の操業を可能にし、これは次々に織物工場や染色工場に投入産出の交換を与え、次々に雇用と国民所得とを増大させることになるはずであった。輸入乗数は供給乗数の一分野と考えられたのであった。

赤松の供給乗数理論は、多くの批判を受けた。とくに、塩野谷九十九（名古屋大学、一九〇五〜八三）、千種義人（慶應義塾大学、一九一一〜二〇〇〇）たちからのものには、早くも一一月の『経済』誌上で「供給乗数論の展開——塩野谷、千種両教授の批判に答えて」として、回答を与えた。赤松は、雑誌『一橋論叢』に「貿易乗数論と供給乗数論」（第二〇巻、第五号、第六号）に寄せたほか、欧文誌『アナルズ・オブ・ザ・ヒトツバシ・アカデミー』の創刊号にも英語論文「『供給乗数』の理論：戦後日本の経済状況に照らして」（Akamatsu 1950）を寄稿し、日本独自の理論として譲らなかった。後述するように、赤松の「輸入乗数」論文はJ・バグワッティ（Jagdish N. Bhagwati, 1946–）の有名な展望論文「国際貿易の純粋理論」（Bhagwati 1964）で紹介されることになる。ハロッドも投資の有効需要創出効果に加えて生産能力創出効果も考慮に入れた加速度理論を展開したのであった。

3　戦後インフレーション論争

赤松要は帰還後、いくつかの政策論争に参加した。まずは、日本経済が終戦直後に直面した問題の一つであった激しいインフレーションについての論争であり、論争相手はいわゆる「東大教授グループ」であった。当時は、戦時中に追放され戦後に東京大学に復学した左翼的諸教授のことを一般に「東大教授グループ」と呼んでいて、その中心はマルクス経済学者の大内兵衛であった。

赤松はインフレには、景気循環的なインフレと、構造変動に基づく構造的インフレと呼ぶべきものがあるとして、後者はほとんどすべてが戦争を起因とすると分析した。つまり、戦時中の莫大な財政支出と軍需産業への転換、兵の動員による労働力不足というような需要構造上のギャップは、必然的に物価騰貴をひき起こすのである。戦争中は、強力な配給統制や価格の釘付け政策などによって物価上昇は抑止されて潜在的な状態にとどまっていても、戦後には、とくに敗戦国においては、この潜在的インフレが河のせきを切ったような勢いで顕在化することになる。それは日本では一九四五（昭和二〇）年から四八年にいたる頃に最も激しかった、と赤松は分析した。

東大教授グループのインフレ論が最も注目されていた。彼らは第一次世界大戦後の敗戦国ドイツで起こった天文学的インフレを念頭におき、それと同じようなことが日本で起こりつつある、否、当時の日本の生産設備の状況をみると第一次大戦後のドイツよりも悪いのでドイツが経験したものよりひどいインフレが起こりかねないとの予想を発表し警告を発したのであった。赤松は、東大グループの座談会の議論などを読んだ人々がみな驚き、同グループの主張には根拠があったものの、彼らの主張が必要以上にインフレを昂進させる要因になったと指摘したのであった。インフレ予想がいっそうのインフレを招く一因になりうることが喝破されている。

みな驚いたし、実業人は復興金融公庫などからできる限り多額の借金をし、これを物に換えることに狂奔した。かりに一億円の借金をしても二、三年のうちに物価が一兆倍にでもなれば一億円はゼロにひとしくなるからだ。［それゆえ、］東大グループのインフレ論は、必要以上に何倍かの物価騰貴をもたらすインフレ要因にさえなったと思われる。（赤松 一九七五：五三）

大内兵衛は、ドイツの超インフレは戦時財政の赤字が公債でまかなわれたこと、戦後賠償支払いのための外貨獲得資金も赤字公債に頼ろうとしたため、通貨発行量が膨張して、ドイツ・マルクが下落し、それがまた悪循環をひき起こして一兆分の一まで転がり落ちたと主張したのであった。つまり、ドイツの超インフレは、ドイツに課せられた膨大な賠償金の圧力によるのではなく、結局は貨幣数量説ですべて説明されるものと捉え、通貨の膨張と物価の騰貴とが悪循環的に加速化したということになる。

タイのバーツと日本の軍票

赤松には、超インフレは貨幣数量説だけでは説明しきれないと感じられた。彼が例にあげたのは、戦時中にタイのバンコクで日本の南方軍が発行していた軍票南発券とタイの通貨バーツとの間に成立していた暗の交換レートの変動であった。南発券は作戦の進行とともに多量に発行され、すると対バーツの暗レートは下がり、また南発券で量った物価水準も漸次騰貴してきた。これは貨幣数量説で説明されうる。ところが、日本軍の敗戦、例えばサイパン島の日本軍が玉砕したとか、インパール作戦の日本軍が壊滅したとかの報道がバンコクに伝わると、南発券の交換レートは敏感に下落したのであった。この現象は貨幣数量説では説明されない、と赤松は考えた。そして、のちに次のように理論化した。

通貨の価値はその流通数量に依存するとともに、その通貨の発行主体たる国家の信用に依存することは明らかである。前者が通貨価値の量的側面であるとすれば後者はその質的側面だといえる。（赤松 一九七五：五四）

そのうえで、東大教授グループがこの通貨価値の質的基盤を看過していたのではないかとした。こうした理論面での検討を行ったあと、赤松は、第一次世界大戦後のドイツで、独マルクの米ドルへの逃避が起こった原因として、為替管理が甘く米ドル買いが大いに行われるという抜け穴があったことも指摘した。それに対して、第二次大戦後の日本は、マッカーサー軍のもとに掌握され、日本の将来が保証されることも確信され、為替管理が厳重であったことに着目していたのであった。

日本の戦後インフレを収束させようとする政策がいくつかあったが、赤松はそのなかで貯蓄奨励運動を最も高く評価した。インフレ終息のために、貯蓄性向を高めることは当然のことと考えられるはずであったが、ケインジアンからは異論が唱えられ、一橋大学の教員室では論争が起こったという。日本では、一橋大学を中心にケインズ理論の熱病に感染した経済学者が増えていたことの証左の一つといえるであろう。

赤松の見解では、日本の戦後インフレは、生産と輸入によって物資の供給が豊富になるにつれて終息への傾向をたどったのであった。それゆえ、アメリカの銀行家ジョセフ・ドッジが日本に派遣されてきて、ドッジ・ラインと呼ばれることになる緊縮政策を実施したときには、すでにインフレ終息の地盤ができており、そこに一米ドルを三六〇円とする単一為替レートの設定も可能になっていた。赤松自身は、通貨・金融の専門家ではなく、宮田喜代蔵の『平価切下の理論』（黎明書房、一九四七年）や『通貨安定論』（理想社、一九四九年）を参考文献としてあげている。

4　日本の自衛と講和論争

赤松要は一九五〇（昭和二五）年七月から、日本の自衛力の必要性といわゆる単独講和の早期締結を主張して、果敢に論争に参加した。

一九四〇年代末から五二年四月に対日講和条約が発効する頃までの論争の背景をみれば、一方でアメリカが敗戦国日本の占領にあたって実権を握っており、他方でアメリカとソ連の対立を中心とする冷戦が進展して、アジアではアメリカが徐々に後退しつつあった。おりしも、四九年一〇月に中国共産党の指導のもとで、北京を首都にして中華人民共和国が誕生したことは、日本の知識人たちに大きな衝撃を与えたのである。三七年に日中戦争に突入する以前には、南京政府の中国は日本にとって二大貿易相手国の一つであり、日本の貿易総額の約二〇%を占めていた。戦前日本のもう一つの重要な貿易相手国はアメリカであったので、ことの成り行き上自然な形で終戦後には、日本にとってアメリカとの貿易が群を抜いて大きくなっていた。そのため、中華人民共和国との貿易は戦前中国との貿易水準までには回復しないであろうことが予想され、日本経済の再建に対して大きな影を投げかけるかにみえた。

そして講和論争に先立って、一九四九年から五三年にかけて貿易主義と国内開発主義をめぐる論争が経済学者の中山伊知郎と有沢広巳らとの間で展開されたが、その真の争点は、日本の国際貿易に対する将来展望の相違にあった。この論争では、中山が戦後の日本経済再建の問題を国際的視点から捉え、生活水準を維持するためには国際貿易を拡大しなければならないと語り、赤松は日本での資源需要の面から早期に貿易を軌道に乗せる必要があると主張した。論争で決着がつくことは極めて珍しいのであるが、このときには中山や赤松の判断が正しかったのである（池尾編一九九九）。

一九五〇年六月に朝鮮戦争が勃発し、ソウルはいとも簡単に北からの軍隊によって占領され、一時は連合軍が朝鮮半島の南端にまで追いつめられる事態になった。これをみて、赤松は、「もし、朝鮮半島が赤化したなら、日本の脇腹に短刀をつきつけられたと同然で日本の運命はあぶない」と考え、日本の自衛力の必要性と単独講和の早期締結を主張するようになった。彼は読売新聞の日曜評論（七月）や『中央公論』（九月号）に、持論を発表した。はたして日本政府は翌五一年九月に、サンフランシスコでの平和条約に署名したのであった。赤松は、当時発表した時論を集めて、同年一二月に『日本経済の羅針盤』と題する単行本にまとめて出版した。

当時の論争にもどれば、単独講和か全面講和かをめぐる論争が経済学者の間で展開されたときには、日本は西側自由主義あるいは資本主義国とだけでも講和を結んだ方がよいのか、それとも貿易相手としての期待が高い近隣社会主義国の中華人民共和国やソヴィエト連邦をも含んだ全面的な講和条約を結びうる状況が来るのを待つべきなのかが争点となっていた。

日本の資源問題

早期講和を主張する赤松にとって、最も重要な論拠は、経済的理由であり、資源確保の問題であった。日本がもともと中国大陸から確保できた重要資源は、石炭と大豆だけであり、工業原料としての棉花も羊毛もゴムもなく、鉄鉱石も十分ではなかったのである。日本の工業原料についての赤松の分析を、『中央公論』臨時増刊号（七五三号）に掲載された「座談会：全面講和と単独講和論の対決」から引用しておこう。

工業原料ですが、日本の四大原料は棉花、羊毛、石油、ゴムです。……この四大原料は、極東大陸にはほとんどない。棉花はアメリカ、羊毛はもちろん豪州［オーストラリア］、ゴム、石油は南方圏並びに近東［中東］に属するわけです。……ただ鉄鉱石、強粘結炭、藍、これらは日本が極東大陸に依存しておった主たる原料であった。……中共貿易が今のように遮断されると、藍は別として、日本の負担は強粘結炭、鉄鉱石については若干重くなるということはまぬかれないところです。けれども現在の日本の貿易からいうと、中共貿易は貿易総額の約四％にしか当っていない。今後中共貿易が遮断されて日本が困難を受けるとしても、貿易の中では四％程度のことであって、中共と友好的な貿易が開始されるのは望まし［い］けれども、それを犠牲にしなくてはならないという場合においても、非常に大きな犠牲ではないと私は考えているわけです。（赤松の発言、一二三〜一二四頁）

赤松のほかの座談会出席者は、中野好夫、名和統一、矢部貞治で、国際経済学者の名和がやはり資料データを提示しながら、赤松の論敵として積極的に発言していたことも印象的である。赤松は、石油資源をめぐって、一九六七年頃においても次のように書いている。

特に石油資源の貧弱さは日満支ブロックの一大盲点であった。従って、アメリカが昭和十六［一九四一］年に石油の対日輸出禁止を断行するや、日本はスマトラの石油獲得のために大東亜戦争を挑むことになったのである。（赤松 一九七五：五四）

特記すべきは、中国東北地方に位置する大慶油田（黒龍江省）には低硫黄油が埋蔵されていたのであるが、ようやく一九五九年に発見・開発されるに至ることである。そして、七三年の日中国交正常化後、共同開発・技術協力が進められ、日本は大慶原油の供給を七三年から二〇〇四年までの三二年間わたって受けることになり、中国が石油の純輸入国になった九三年以降も一二年間は中国から日本への原油輸出が続いた。二〇〇七年現在、石油消費大国になった中国と日本の間では、一方で政治体制の相違と資源獲得競争の状態があるものの、他方で省エネルギーや環境対策での民間部門による技術協力が両国政府の後押しにより進みつつある。

赤松の議論にもどろう。第二次大戦後においては、満州からきていた粘結炭も大豆もアメリカからの輸入にかわり、それは運賃の低下とともにいっそう経済的にさえなった。このようにして日本経済に必要な重要資源は、極東大陸ではなく、太平洋圏と南方圏に依存することになっていった。赤松が単独講和論に加担したのは経済的理由が大きかったとしている。

自衛力問題

赤松は、一九四九年頃から五一年にかけて東京経済大学で講師をしており、五一年の年頭の講義で日本の自衛力問題に関する感想を述べた。日米安全保障条約の締結は、サンフランシスコで対日平和条約が締結された同年九月の同じ日の夕方であったことには注意する必要がある。当時の赤松は永世中立国スイス例をひき、無防備ではなく五万人前後の常備軍を擁し、これがヒトラーのスイス侵入を思いとどめさせたことに言及したのであった。日本が中立的立場をとるにしても無防備であってはならない、スイスの常備軍はスイスの人口の約一％にあたり、これを日本の人口にあてはめるならば八〇万人という強力な防衛力に相当するという主旨であった。

講義の時には何の反応もなかったが、赤松はあとになって学生自治会から公開質問状を受け取った。赤松は詳細の回答を東経大の大学新聞に発表した。学生側はこれでは満足せず、公開の質問会を大学の大教室で準備して、赤松に公開の場で答弁することを要求したのであった。結局、赤松は満員となった大教室で、二時間半にわたって、次々に飛び出す質問に対して応え続けることになった。赤松の主旨は既述のとおり、経済的理由に基づいていた。つまり、日本帝国主義による極東大陸依存体制はすでに終わったこと、日本が太平洋圏と南方圏に資源的、市場的に依存せざるをえないこと、この南東依存体制を防衛するためには北西共産圏からの侵攻に対する自衛力を持たねばならないこと、であった。朝鮮戦争当時には、南から先に北に向けての侵攻が始まり、それを北の軍隊が押し返して南に侵攻したと事実とは逆を喧伝する人々がいたことは付記しておこう。

赤松は、一九五一年の東経大の学生との討論会が事前に予想したとおり、いわゆるつるしあげであったと感じていた。討論会の前後には、東経大のある国分寺から赤松の自宅がある国立にかけて、すべての電柱に「赤松を葬れ」というようなビラが貼りつけられたという。赤松は、この電柱ビラ戦術は一種の暴力であり、彼の家族に大きな衝撃を与えることになったと記している。彼のことはいち早くモスクワや北京に伝わり、そこからのラジオ放送が、彼の名前をあげて批判をしていたと、赤松は毎日新聞の記者から聞かされたのであった。この頃に次の歌がつくられた。

ひそかに死を決したる心もて　ふみを書きけり世に抗しつつ

赤松は、全面講和を唱えた学者たちと論争することになったが、またしても東大教授グループと論戦を交えることになった。大内兵衛は中国や朝鮮との長い歴史的関係を強調し、東南アジアを捨てても中国を捨ててはならぬとした。有沢広巳は、貿易の面から、東南アジアよりも中国が重要だとした。大阪市立大学の名和統一にいたっては、東南アジアもやがて共産化するかもしれず、日本がその重要資源に接近することが困難になることもありうるので共産圏を包摂する全面講和が要請される、と反駁したのであった。一橋大学の都留重人（一九一二〜二〇〇六）も名和と同様な見解を持っていた。それに対して、赤松は、もしかりに東南アジアから西アジア（中東）までの石油資源が共産圏に包括されることがあるとしても、それはかなり遠い将来のことであろうと想像したのであった。

一九五〇年一一月、赤松は、同僚で中央労働委員会会長を務める直前の中山伊知郎の懇請により、中央賃金審議会会長を引き受けた。彼は右翼教授との烙印をおされていたので、当然、労働代表に快くは受け入れられなかった、と記している（赤松 一九五八：五〇九）。総評議長の太田薫とは声を大にして争うことがあったものの、答申は全会一致で議決された。赤松は五四年五月に、最低賃金に関する答申を労働大臣に提出するとともに早々に辞任したのであった。

5　国際経済学会と内外交流

赤松要は、名和統一、東大の矢内原忠雄、脇村義太郎と話し合って、一九五〇（昭和二五）年二月四日に国際経済学会を創設し、第一回大会を東大で開催したのであった。その創設目的は、戦争の終了と日本経済学会連合の設立（一九五〇年一月）に刺激され、国際経済の理論、政策、実状等に関する研究およびその普及をはかるためであった。

日本経済学会連合の『ブレティン』第一号（一九五一：三八）には、「今時大戦の経験にかんがみ、戦後、自由と平和の原理にたつ国際経済機構の再建が進められ、殊に日本の復興にとり国際経済関係の重要性はますます大となった。こおいう《〔ママ〕》事態に照応して、国際経済の学問的研究の機運もようやく勃興し、各方面においてその研究体制が次第に整備され、研究活動が活発となってきた」と当時の状況が記されている（池尾編 一九九九：第一章）。

赤松は、名和統一とは国際価値論争も繰り広げた。最初に、名和が四八年に、論文「国際貿易における不等価交換の問題」を発表した。名和論文は、生産力の高い先進国と低い後進国では、例えば前者の一労働時間は後者の三労働時間にあたり、両者の間には不等価交換すなわち搾取があるというマルクスの命題を正当化しようとしたのであった。赤松は、かねてより古典派経済学の比較生産費説の楽観主義に疑問を持っていたとして、名和説を批判しながら、自分の見解を述べたのであった。つまり、赤松はその不等価交換がすべて搾取になるわけではないこと、貿易の開始による国際分業の場合、古典派の示唆するように両国の国民厚生がつねに向上するというわけではなく、一方に「高転換」が、他方に「低転換」が起こり、そこに搾取が起こりうるなどとしたのであった。赤松と名和は論争をしながらも、交友関係を深めていき、名和の人柄には「何か人をひきつける魅力があった」と、赤松は述懐している。国際価値論争自体は、赤松の生前においても、現在においても、終わったというわけではない。

赤松は名和の還暦記念論文集『現代世界経済と国際経済論』（一九六七年）に論文「不等価交換と南北問題」を寄稿し、いわゆる南北問題のなかにはマルクス的搾取の要素が入っていることを認め、ある意味で名和の主張に歩み寄ったのであった。

赤松は、五三年四月から五五年三月まで一橋大学経済学部長を務め、中山伊知郎学長を助けるとともに、アメリカに留学して数理経済学者になる佐藤隆三（一九三一〜）たちの脳裏に、雁行形態論と雁飛行グラフをしっかり焼きつけたのであった。

ヨーロッパ再訪

赤松は一九五四年九月に、ドイツ経済社会学者協会が諸外国の学界に参加をよびかけた国際大会に参加した。ドイツ経済社会学者協会の前身は、一八七三年に創設されたドイツ社会政策学会であるが、ヒトラーの弾圧のため戦前に休止していたのであった。赤松は、イギリスにいた大河内一男とともに日本代表として、学術会議・日本経済学会連合から派遣される形になった。ドイツに行く途中には、スイスのジュネーブで開催された国際連合協会の第九回世界大会にも、高柳賢三とともに出席した。ジュネーブ滞在中には、経済学者の喜多村浩（一九〇九～二〇〇二）の紹介状をもって、W・レプケ（Wilhelm Röpke, 1899-1966）を訪問し、歓待を受けた。

喜多村は一九三一年に日本からドイツに旅立ち、ベルリン大学でE・レーデラーやW・ゾンバルトから経済学を学び、三三年からスイスのバーゼル大学でE・ザリーンのもとで国際経済学を専門的に研究し、三九年からロックフェラー財団の研究費を得て、リーマーたちと外国投資問題を研究した経歴を持っていた。彼は一九四一年にドイツ語で『国際貿易理論の基本問題』を出版するなどして活躍し、四八年に帰国して日本の学界にヨーロッパの最新の国際貿易論を持ち込んで刺激したのであった。喜多村は五七～六九年に国際連合のアジア極東経済委員会（ＥＣＡＦＥ、エカフェ、一九四七年設立）に出て、アジア地域の経済協力に関わり、その活動を通じて豊かな国際的な人脈を築きあげていた（池尾二〇〇六：第八章など）。エカフェは拡大して、一九七四年には現在の国連アジア太平洋経済社会委員会（ESCAP）になる。

　ドイツの学会はフランクフルトの北方の温泉場バード・ナオハイムで行われた。赤松はその前夜祭で、フォーグトに会い、フォーグトによって、会長のアルブレヒト、次期会長のワルター・ホフマンなど数多くの人々に紹介された。学会当日には、大河内と合流し、ドイツ滞在中の山本登にも会った。

　学会の論題は「ドイツと世界経済」で、第一に世界経済学の創始者B・ハルムスのあとを継ぐプレデェール、アメリカから帰ってきたゴットフリート・ハーバラー（Gottfried Haberler, 1900–95）の報告があった。

　午餐の懇親会でホフマンの司会のもとに有志のスピーチが行われた。赤松も希望してスピーチをし、戦前のようにドイツの経済学界と日本の経済学界とが今後また密接な交流関係に入ることを希望すると述べた。はたして一斉に拍手が起こり、静かになるのを待って言葉をついだとき、何か会心の思いが感じられた。

　赤松はベルリンにも立ち寄り、再びタールハイムに会った。彼は日本で構造論の研究が盛んなことに興味を示した。キール大学の世界経済研究所では、そのときの所長フリッツ・バーデ（Fritz Baade）に『世界経済雑誌』（*Weltwirtschaftliches Archiv*）への寄稿を要請された。これは、「世界経済における不均衡成長の理論」（Akamatsu 1961）の投稿・掲載により応えることができた。彼は、ハンブルク、ベルリン、ミュンヘン、ハイデルベルクなどを旅行し、ブラインシュワイクでは、旧師グロックナーに会った。

赤松はオランダ、フランス、イタリアをまわって、イギリスまで足をのばした。オックスフォード大学にロイ・ハロッドを訪ね、彼の貿易乗数論に対する批判となる赤松の供給乗数論に関する英語論文（Akamatsu 1950）を手渡したのであった。そしてロンドン・スクール・オブ・エコノミクスでは、国際経済学者Ｊ・Ｅ・ミード（James Edward Meade, 1907-95）と会談を持つことができた。そのおかげで、赤松の供給乗数論文は、市村真一、小島清などイギリスと関係の深い日本人経済学者たちの論文とともに、Ｊ・バグワッティの展望論文「国際貿易の純粋理論」（Bhagwati 1964）に盛り込まれることになったとみてよい。

わが住みし　ベルリンの街の　家はこわれ　瓦石のあとに　声なかりけり
再びを　わが訪ねきし　ハイデルの　朝のさぎりに　歩むこの道（哲学者道）
プラタナス　散るやセーヌの　岸に立ちて　ひとありやなし　問わむ水鳥

そして、「帰路シンガポールに一泊、戦時中宿泊したラッフルズ・ホテルに泊り感慨無量」と記したのであった（赤松 一九五八：五一一）。

還暦記念

赤松は一九五六年八月七日に還暦を向かえ、一〇月五日には如水会館において、一橋赤松会によって盛大な祝賀会が催され、ガウンを贈られた。

ふかぶかと　身にあたたかし　緋の裏の　ガウンにこもる　ひとのこころは

小島清を中心に、名古屋大学の其湛《きたん》会、一橋大学のゼミ卒業生たちの後援によって、還暦記念論集『経済政策と国際貿易』（春秋社、一九五八年）が刊行された。論集の第一部は、赤松の経済政策方法論としての「綜合弁証法」の検討にあてられ、大熊信行、宮田喜代蔵、山田雄三、板垣与一が批判的解釈を試みた論考を寄せた。国際経済学の分野では、小島清が「世界経済の異質化と同質化」「産業発展の雁行形態」を軸とする赤松の体系を評価する論文を寄せたのが、赤松には有難かった。大熊信行とは配分の原理にからんだ論争を展開し、宮田喜代蔵とも論争をしていたのであったが、彼らは論争の延長上での論文を寄せた。論集をみた赤松は次の歌をつくった。

若きより論争しつつ老いけりや　還暦論集にもわれらたたかえり

赤松は、他の経済学者たちの還暦論集にも寄稿した。中山伊知郎の還暦論文集『経済の安定と進歩』（一九五八年）には論文「世界経済の構造変動とその整合」を寄せた。その意図は、中山の「経済学一般理論」の安定と進歩が循環変動の安定、成長変動の進歩を意味していたので、さらに「構造変動の整合」がとり入れられるべきではないかということであった。また酒井正三郎の還暦論文集に寄せた論文「経済政策における構造政策の地位」でも、学界に問いたい問題を提示したのであった。

赤松は、篠原三代平（一九一九〜）の好意により、日本の学界の一つの独自理論として赤松の英語論文「世界経済における不均衡成長の理論」（Akamatsu 1961）を仕上げて『世界経済雑誌』（*Weltwirtschaftliches Archiv*）に掲載された。これによって、雁行形態論を海外に紹介する機会を得たと深く感謝している。赤松は、ハロッドから半ば同感するとの私信を得た。しかし、ポーランドのイグナチ・サックス（Ignacy Sachs, 1927-）の『低開発国の外国貿易と経済発展』（一九六五年）では、繊維産業の発展から始まる雁行形態論は低開発国にとっての唯一の発展方向を示すものではないと批評された。

赤松は還暦の機会に、其湛会の那須秀一の献身的努力を得て、歌集『わが旅路』を出した。その内の一首に、小島清の結婚式のときに贈ったものがある。

ここまではついて来たけれどこれからは　わが体系を乗りこえてゆけ

赤松は、一九六〇年三月に一橋大学を定年で退職して名誉教授となったのちも、研究と教育の活動を精力的に続けていった。同年四月には明治大学に移り、経済学専攻博士課程の創設に腐心した。六二年四月には、世界経済研究協会の理事長に推されて就任した。六八年四月には、拓殖大学に移り、海外事情研究所所長、大学院院長として、大学院の拡充に尽力した。

赤松の経済学体系を引き継ぎ、こえていく仕事は次章でみよう。

第9章　空飛ぶ雁の群れの型の理論

1　雁行形態論再論

赤松要の雁行形態型発展理論は、日本の経済学者が発案した経済理論のなかで最も有名なものの一つである。ただ、ある理論が有名になるためには考案者一人が唱えるだけではうまく普及はせず、追随者や応用者がいなくてはならないといってよい。雁行形態論は一九三〇年代に赤松要によって日本語で発表されたが、海外でよく知られるようになるにあたっては、五つの契機があったといえる。

第一に、篠原三代平が、ガンコーケータイロン（雁行形態論）にワイルド・ギース・フライング・パタン・セオリー（Wild-geese-flying pattern theory）、または、フライング・ギース・パタン・セオリー（Flying-geese pattern theory、空飛ぶ雁の群れの型の理論）という優雅な英語名を見事につけ、そして赤松の英語論文「世界経済における不均衡成長の理論」が一九六一年にドイツのキール大学の『世界経済雑誌』（*Weltwirtschaftliches Archiv*）に発表されたことがある。「空飛ぶ雁の群れの型の理論」の英語名の響きはすばらしく、海外の多くの経済学者たちの記憶にとどまりやすかったのである。二〇〇五年七月に会った、オーストラリアの国際経済学者のマレー・ケンプ（C. Murray Kemp, 1926–）も覚えていた。そしてこの論文は、赤松自身がこれまでの雁行形態論のエッセンスを海外向けに英語でまとめたものであった。

篠原（一九七五：二二一）によれば、フォード財団の援助で日本の経済論文を英語にして海外専門誌に投稿するプロジェクトがあり、彼がそのチェアマンを務めたのであった。赤松が海外専門誌向けの論文の英文草稿を執筆し、篠原が仕上げをした。第八章でみたように、一九五四年に赤松がドイツを訪問したとき、キール大学の世界経済研究所の所長フリッツ・バーデから『世界経済雑誌』への寄稿を要請されており、この論文によって約束を果たすことができた。また英語の得意な篠原は、自らの英文著書『日本経済における成長と循環』（一九六二：五七～五九）において、雁行形態論を紹介し評価したのであった。

第二に、もう一つの英語論文「途上国の経済成長の歴史的諸類型」（Akamatsu 1962）が、一九六〇年七月に設立されたアジア経済研究所の英文雑誌『ディヴェロッピング・エコノミー』（途上経済）の準備第一号の巻頭論文として掲載されたことがある。アジア経済研究所の英語名はInstitute of Developing Economies（途上経済研究所）であり、先進国の開発援助体制が再編成されたのをきっかけに、世界の途上経済についての研究を行う機関が日本でも誕生したのであった。そして、アジア経済研究所が、日本から発信する途上経済研究を繰り広げる際に、「空飛ぶ雁の群れの型の理論」を使えるところでは積極的に活用していったことがあげられる。実際、繊維製品など消費財を生産する産業や、消費財を生産するための機械を生産する産業で、相対的に技術移転が容易な場合は、雁行形態論をあてはめると理解しやすくなるようである。アジア経済研究所は一九九八年七月に日本貿易振興会（ＪＥＴＲＯ、一九五八年設立）と統合され、二〇〇三年一〇月には独立行政法人へ移行し、日本貿易振興機構の附置研究機関と位置づけられるようになったが、その姿勢は変わらないように思われる。

第三に、世界的に有名な政府系エコノミストの大来佐武郎（一九一四～九三）が、外務大臣を経験したあとも、摩擦対策を中心に経済外交にあたっていたおり、一九八五年にソウルで開催された第四回太平洋経済協力会議（ＰＥＣＣ）での会長講演の際に、アジア太平洋地域のダイナミズムの源泉として、雁行型経済発展を紹介したことがある（小島二〇〇三）。そのおかげで、研究者だけではなく、政治的リーダーの関心を呼び、ジャーナリズムでも取り上げられるようになったのである。

第四に、高弟の小島清が、赤松理論にはなかった直接投資による技術伝播・経済発展を視野に入れて同理論を発展させ、より広範に受け容れられやすい形に整え、普及に努力したことがある。

第五に、発案者の赤松も、小島や他の経済学者の議論を取り入れて、雁行型発展理論の内容を膨らませ、国際会議の場で用いたことがあげられる。そして、赤松が発表した研究や議論に共通する特徴に、企業経営に着目した個別データの収集が図られたことがある。つまり、何度の強調してきたように、雁行形態論は経営学や経営分析と接点を持つサプライサイド（供給側）の理論なのである。二〇世紀半ば以降、需要分析を軸とするケインズ経済学が隆盛となったおり、供給側の分析は異彩を放つほど希少だったといえるかもしれない。

発展する雁行形態論

第3章でみたように、赤松が雁行形態論を着想したのは、名古屋の尾西地方での毛織工業の羊毛品貿易に関して、工場を訪問しての聞き取り調査を含む草分け的実証研究からで、論文発表は早くも一九三五年の「我国羊毛工業品の貿易趨勢」においてであった。赤松はまもなく綿製品についても品種や製品別に分けて同様の傾向を見出し、三七年に論文「吾国経済発展の綜合弁証法」において発表した。赤松の雁行型発展理論は、読者に雁が群れをなして飛ぶ姿を想起させ、視覚的イメージをともなって受容された。赤松の雁行型発展理論が海外でも注目されるようになるのは、先の二本の英文論文が発表されてからである。赤松は、綿布やトランジスタラジオなどの事例でも、輸入―国内生産―輸出の小さな山型カーブの連鎖に空飛ぶ雁の姿を描く理論があてはまることを紹介している。

赤松要の雁行形態理論は進化を続け、比較生産費構造が時間を通じて変化することも明示的に

第2図　産業発展の雁行形態

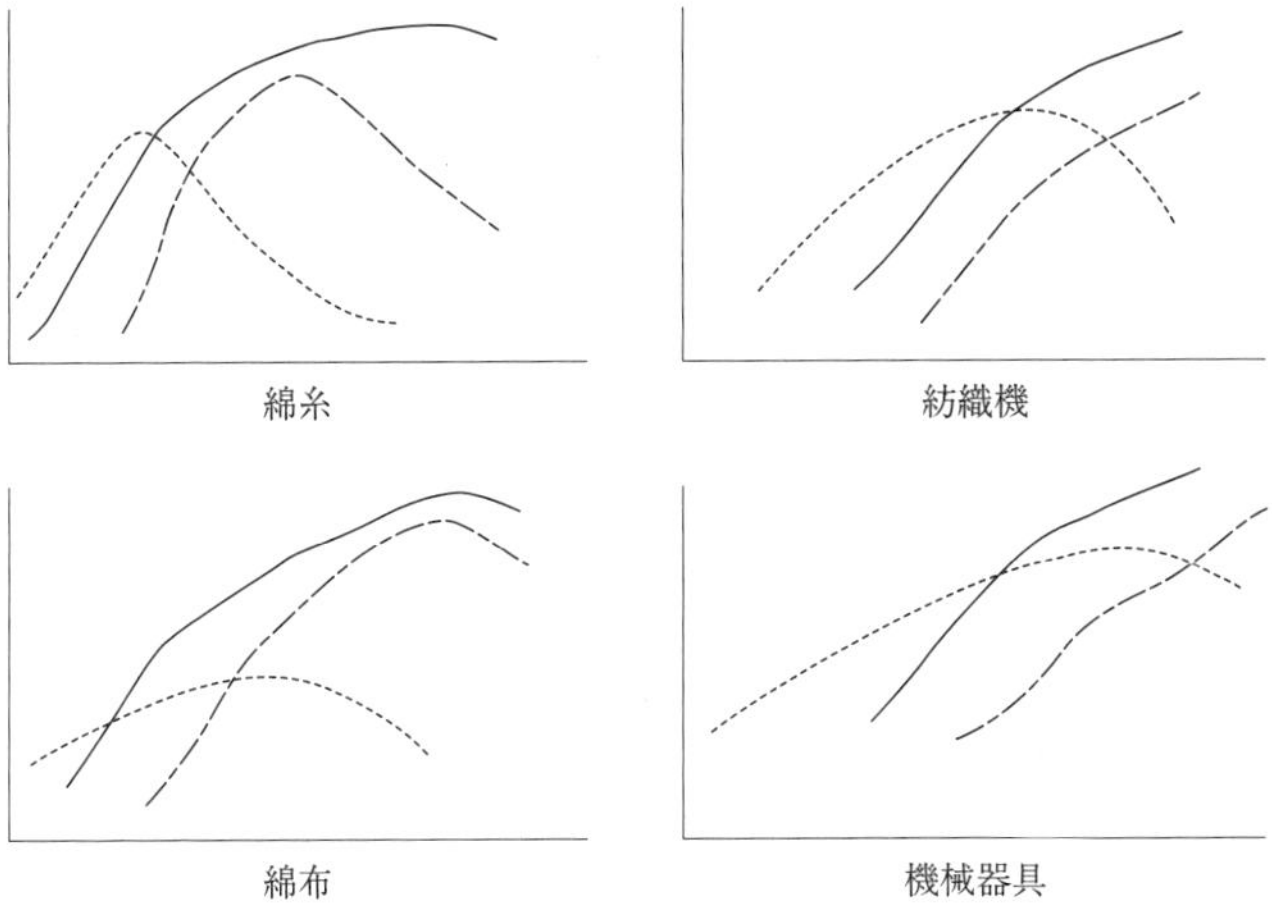

注1：3曲線は1870年頃から第2次世界大戦までの発展過程を表す。
　2：----------- 輸入
　　――――― 生産
　　― ― ― ― 輸出
　3：縦軸は全額

出所：Akamatsu, K.（1962）, A historical pattern of economic growth in developing countries, *The Developing Economies*（アジア経済研究所）, Preliminary Issue,（1）. 赤松要先生門下生編（1975）。

説明されるようになっていった。赤松の『金廃貨と国際経済』（一九七四年）での説明が、後進国産業発展の理論としてより洗練されたものになっており、しばしば引用されるので紹介しておこう。

比較生産費の構造は動態的には絶えず変動しているものであり、初め一次産品の輸出と工業品の輸入が行われ、その比較生産費構造は異質的、分業的であるが、第二段階では国内の工業生産がおこり、輸入工業品と次第に同質的となり、輸入代替を生じ、輸入品の漸減傾向となる。第三段階では国内工業品の比較優位が次第に増大し、国内工業品に進展する。初め後進国に向かって、次には先進国に向かっての輸出となり、先進国は「代替輸入」を行うにいたる。（赤松 一九七四：一五八〜一五九）

後進国の工業化の進展において、まず最初に一次産品の輸出に対して工業品の輸入があり、ついで生産がおこり、ついで輸出に進出する三つのカーブが雁行的であることから名づけられている。（赤松 一九七四：一六五）

ここで、赤松の雁たちは、二次元空間、東アジア広域経済の三次元空間だけではなく、時の空間にまで飛び込んで羽ばたくようになったのである。赤松の雁行形態論は時空をくぐって進化を続け、比較的移転容易な技術が採用されている産業が中心となる段階の経済発展の理論として分析力を持ち続けたのであった。

2 プロダクト・サイクル論

赤松要の雁行形態論は経済発展の理論であり、英語論文の最初の発表は一九六一年であった。ハーバード大学のレイモンド・ヴァーノン（Raymond Vernon）がその五年後の六六年に、『クォータリー・ジャーナル・オブ・エコノミクス』に論文「プロダクト・サイクルからみた国際投資と国際貿易」を発表した。ヴァーノンのプロダクト・サイクル論は、アメリカなどの先進国が新製品の開発に成功し、生産方法が標準化された後、途上国への海外直接投資を通じて生産を移植するというものであった。先進国における内生的技術革新が始発動因となって新製品の生産が起こり、輸出も行われ、そして途上国が生産を開始し、輸出も始めるようになると、先進国では当該製品の輸入に転じるというサイクルを描くのであった。

ヴァーノンが、先進国における企業行動を扱ったプロダクト・サイクル論を、赤松と同様に実証研究から生み出したことがよく知られている。それには訳がある。

一橋大学において赤松が経済学部長をしていた時代に、若き佐藤隆三が学んでいたのであった。佐藤は一橋大学卒業後、アメリカにわたって、ジョンズ・ポプキンス大学大学院で研鑽を積むことになった。佐藤は天才的な数学の才能の持ち主で、ジョンズ・ポプキンスでは大学院レベルの数学の授業も積極的にとり、数学の腕に磨きをかけたのであった。佐藤の数学の才能は、早い時期から、アメリカのポール・サミュエルソン（Paul Anthony Samuelson, 1915-）たちにも極めて高く評価され、実証研究を熱心に行う経済学者たちからは、彼らが研究で得たグラフや変数の運動パタンを数学モデルで表現できないかと尋ねられることがしばしばあった。はたして、ヴァーノンもその一人で、彼のグラフを佐藤に提示して、モデル化を打診したのであった。

佐藤はすぐに、ヴァーノンのプロダクト・サイクル論が、赤松の雁行形態論と形式的対称性をもっていることにピンときたのであった。比較すると、かたや先進国の理論、かたや追い上げ型

第3図

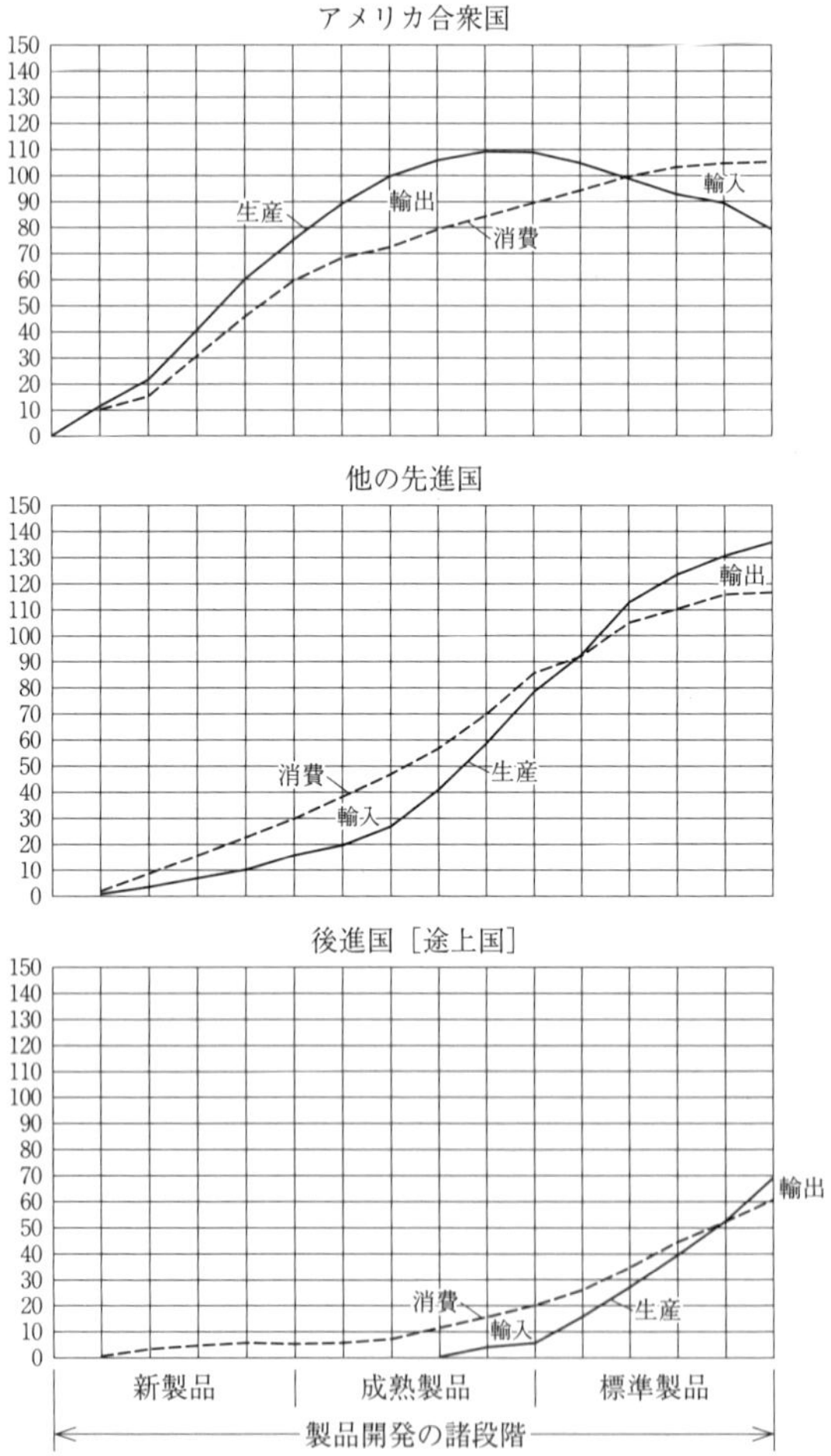

出所：Vernon, Raymond (1966), 'International investment and international trade in the product cycles', *Quarterly Journal of Economics*, 80 (2): 190-207.

途上国の理論であった。赤松自身は『金廃貨と国際経済』（一九七四年）において、「先進国における雁行形態」（一五六頁）と表現したのであった。小島清は、七三年に、赤松の雁行形態論は、後発国の輸入技術（borrowed technology）による追い上げ過程において発生するプロダクト・

サイクルであるとし、そのとおりの英語名 catching-up product cycle を与えたのであった。この英語名について、赤松も「これならばプロダクト・サイクルを知っている人には理解しやすい言葉かと思われる」（赤松 一九七四：一七四）と、支持している。この英語表現は、山沢逸平（一九三七〜）によっても、彼の英文著書『経済発展と国際貿易：日本モデル』（ハワイ、一九九〇年）などにおいて採用されてきている。

佐藤はヴァーノンに対して、赤松の雁行形態論のことを説明したものの、信じてもらえなかったと語っている。残念なことに、彼は、赤松の英語論文がアメリカの大学図書館等でも利用可能なはずであることを知らなかったのであった。そして佐藤ですら、プロダクト・サイクル論という技術移転を背景にもつ動学理論を数学モデルで表現することはできなかったのであった（二〇〇七年二月の聞き取り調査のあと、赤松要氏の二本の英語論文のコピーを、筆者が佐藤隆三氏に送らせていただいた）。

佐藤にしろ、小島にしろ、機会があるごとに、赤松の雁行形態論を海外で熱心に紹介してきたと語っていた。

3　一九八五年の世界貿易の予測

赤松要は、世界経済研究協会の運営のためにも活躍した。一九五四（昭和二九）年に設立された国際日本協会は、六二年に世界経済研究協会と改称され、赤松が理事長を務めることになった。六四年には大蔵、外務、通産、農林および経済企画庁の五省庁共管による社団法人の認可を受け、二〇〇一年一月の中央省庁の制度的再編を経て〇七年五月現在の共管省庁は、外務省・財務省・農林水産省・経済産業省である。一九七二年時点の協会の目的は、「国際経済学者と経済界、官界のエコノミストを中心に、激動する世界経済動向の調査、研究と、国際経済理論の深化、開発ならびにその有識層への浸透等を通じて、日本経済ひいては世界経済の発展に寄与すること」であり、現在でもそれは引き継がれている。五三年には協会設立より一足早く月刊誌『世界経済評論』の発行が始まっていた。

世界経済研究協会は一九六九年一一月に、赤松要理事長のもと、『一九八五年世界貿易長期展望プロジェクト』を発足させた。戦後四半世紀にわたって世界経済の順調な発展を支えてきたIMF・ガット体制（ブレトン＝ウッズ体制）が、EC（ヨーロッパ共同体、現在の欧州連合EU）の発展と拡大ECに向かっての前進、日本の驚異的な経済成長、それらの結果として、アメリカが世界経済において占めていた絶対優位から後退し、多極化時代を迎えたという認識があった。日本は、資源面でも市場面でも、アウタルキー経済（自給自足）をとることはできないとの共通認識にたち、世界経済の自由化と高成長に向けて、新しい世界経済秩序形成のためにリーダーシップをとるべく、国内体制を刷新し、新しい政策を樹立する必要があると感じられていた。そして、約一五年後の八五年の世界貿易を予測して、現下の貿易政策に寄与するという大胆で大規模な長期経済予測プロジェクトが財界、学界、官界による協力で企てられ、赤松要と彼の影響を受けた人々たちが中心になって遂行されたのであった。

総合部会では、水上達三（三井物産株式会社）が部会長、赤松要が研究委員長、山本登（慶應義塾大学、一九一二〜九一）が研究副委員長を務めた。そして六部会が設けられて各巻の執筆を担当することになり、財界関係者が部会長や副部会長を務め、学者が研究委員長を務めた。

一九七二〜七五年に至誠堂から刊行された「一九八五年の世界貿易」を予測するシリーズ全六巻は圧巻である。第一巻『日本貿易の構造と発展』（小島清監修、五一八頁、一九七二年）、第二巻『国際通貨体制の長期展望』（村野孝監修、四八三頁、一九七二年）、第三巻『世界貿易の計量予測』（藤井茂監修、四四九頁、一九七二年）、第四巻『世界の資源と日本経済』（板垣与一監修、四三七頁、一九七四年）、第五巻『地域間貿易の将来と日本』（山本登・金森久雄監修、五二三頁、一九七三年）、第六巻『日本貿易の将来像』（赤松要・渡部福太郎監修、五二三頁、一九七五年）であった。

基準としての雁行形態論

『一九八五年世界貿易』第一巻『日本貿易の構造と発展』を担当した貿易構造部会では、産業発展の雁行形態論を大体の認識基準として、日本経済の世界経済的発展法則を解明することが狙いとされた。第一部「経済発展と貿易構造」では、雁行形態論の最も発展した形が提示された。

赤松が日本の産業発展の雁行形態を概観し、小島が赤松の雁行形態論とヴァーノンのプロダクト・サイクル論を比較して、海外直接投資を理論的に整理し、山沢逸平（一橋大学）が産業発展と外国貿易の関係を輸入代替化と輸出化を含めて理論的に検討し、福島義久（慶應義塾大学）が重化学工業の展開に産業発展の雁行形態を見出し、斉藤優（中央大学）が技術の国際的伝播メカニズムと産業移植を検討した。第二部「産業と貿易の構造変動」では雁行形態論の実証分析が行われ、日本の鉄鋼業と繊維産業、経済発展と貿易の役割、産業間比較のほか、コリアの産業発展、日本製造業の海外進出パタンが検討された。担当者は、小島清、山沢逸平、松浦茂治（大分大学）、毛馬内勇士（拓殖大学）、田中拓男（中央大学）であった。第三部では標題どおり「一九八五年の日本貿易」が予測された。経済界からの執筆者を得て、鉄鋼業、造船業、自動車工業、工作機械、化学工業、通信機器、家庭電器、電機工業、産業機械の各産業がカバーされた。

第二巻『国際通貨体制の長期展望』（一九七二年）は、金とリンクした米ドルを基軸とする固定相場制（ブレントン－ウッズ体制）が崩れゆく時に刊行された。村野孝（国学院大学）と則武保夫（神戸大学）が、総論と国際通貨体制の現状までの歴史を、フランスとアメリカの対立を含めて描き出した。竹内一郎（東京銀行）と西山精一（住友銀行）が、米ドルの将来と通貨の交換性の問題を考察し、大宮侠一（明治学院大学）と荒木信義（日本長期信用銀行）が当時のアジャスタブル・ペッグ制（調整可能な釘付け相場制）とＳＤＲ（特別引出権）を説明し、当間尚夫が一九八五年までの金の需給予想を提示し、梶山武雄（北九州大学）が金廃貨論に触れながらも世界貨幣としての金を支える金管理センター構想を寄せ、山中謙二（三井銀行）が気になるアメリカの国際収支赤字を論じた。ヨーロッパの動きについては、滝沢健三（東京銀行）がユーロ・ドル市場の将来を、小島千二郎（東京銀行）が欧州共同体と通貨統合を、加藤正一（関東学院大学）が英ポンドの将来を論じた。さらに、石丸義富（トーメン）が円の実力と将来を、喜多勇（独協大学）が第三回UNCTAD（アンクタッド、国連貿易開発会議）総会での争点となったSDRと開発援助のリンクの議論を展望した。松村善太郎がニュメレールとしての国際通貨の重要性を強調して国際通貨体制の議論を展望したあと、一九四三年のケインズ案、ホワイト案（邦訳）から、一九七二年のIMF理事会特別報告（英文）までの資料も掲載された。国際通貨制度の変化は急で、翌一九七三年に主要諸国はフロート制に移行することになる。

第三巻『世界貿易の計量予測』（一九七二年）では、世界の経済や貿易の構造に変化が期待されるなかで確固たる経済見通しをもつためのやや長期の予測に取り組んだ。片野彦二ら神戸大学のグループが、世界貿易の地域別構造、商品別構造、アジア太平洋地域の途上国や日本の貿易構造を明らかにした。補論では、池本清が世界貿易構造の長期予測に関する諸研究を展望し、吉田道夫（東洋紡績）が世界繊維品貿易の長期予測を行った。

第四巻『世界の資源と日本経済』（一九七四年）は政府関係者の協力が最も多い巻で、まず板垣与一が資源問題をめぐるナショナリズムとインターナショナリズムを総論した。第一部「世界の資源と国際経済新秩序」では、深海博明（慶應義塾大学）、大町北一郎（通産省）、石光亨（神戸大学）が資源と技術の概念を論じ、鈴木英夫（通産省）と新島良一（三井金属鉱業）が世界の資源需給を予測し、斎藤優（中央大学）、松村清二郎（前アジア経済研究所）、加藤勇（石油資源開発前調査部）が越境企業の寡占化が進む状況と世界の資源政策を論じ、古沢実（三井物産）が資源貿易の趨勢、数量と価格、国際的調和を論じた。第二部「資源と日本経済」では、大畑弥七（早稲田大学）が日本の資源問題研究を展望し、黒岩俊郎（専修大学）、鈴木英夫（通産省）、逸見謙三（東京大学）、竹内照高（日本輸出入銀行）が日本の資源政策の方向と民間企業の動向を、斎藤優が海外資源開発の現地社会に及ぼす諸効果を分析し、小寺輝彦と小林実（日本興業銀行）が一九七三年の石油ショックの問題と日本の産業構造への影響を論じた。第三部「資源別分析」では経済界も協力して、エネルギー資源、核燃料（ウラン）資源、鉄鋼、非鉄金属、軽金属、農林水産資源が取り上げられた。巻末資料として、国連における天然資源に対する恒久主権に関する主要国決議などが収録された。

第五巻『地域間貿易の将来と日本』（一九七三年）の第一部「総論」では、山本登と加藤義喜（日本大学）が戦後世界の段階的発展を論じた。第二部「先進国間貿易」では、庄田安豊（日本経済研究センター）がその実態と予測を与え、田中拓男（中央大学）、秋山茂美、伊藤猛が先進諸国の最適国際分業パタンを求める計測を試み、関口末夫（大阪大学）が先進国間の直接投資を予測し、佐々波楊子（慶應義塾大学）と相良準二が日本と西ドイツの経済成長と輸入構造についてケーススタディを与えた。第三部「南北間貿易」に寄稿したのは矢内原勝（慶應義塾大学）、深海博明（同）、田中拓男であり、第四部「東西間貿易」は加藤寛（慶應義塾大学）と丹羽春喜（関西学院大学）が担当した。

第六巻『日本貿易の将来像』（一九七五年）は、世界的に進行するスタグフレーションの最中という困難な状況において、健康を害した赤松を助けて渡部福太郎（学習院大学）が監修にあたって刊行された。総論と第一部では、渡部福太郎、松永嘉夫（名古屋市立大学）、宮崎弘道（外務省）、里上忠政（外務省）、宍戸駿太郎（筑波大学）、日水俊夫が国際通貨体制の展開や日本貿易の国際環境を予測しなおし、第二部では、柴田裕（名古屋市立大学）、大山道広（慶應義塾大学）、岡茂男（武蔵大学）が商社の専門家の協力を得て日本の貿易構造の将来像をいくつかの角度から予測した。第三部では、対外資本交流と日本の経済協力の問題点が官民の専門家によって論じられた。第四～五部では、日本の貿易制度の変遷と政策が天谷直弘（通産省）によって論じられ、日本の貿易の特徴をなす商社活動ならびに貿易金融と関連政策、海運、航空運輸、貿易保険が経済界の専門家によって論じられた。

赤松は本シリーズのすべてが刊行される前に、帰らぬ人となった。しかし、「一九八五年の世界貿易」シリーズ全六巻は、赤松雁行形態論の集大成であることに変わりはなく、赤松を研究するのであれば、必ず参照すべき大作であり、このシリーズにふれることなく赤松を語ってはいけないのである（二〇〇七年一二月における小島清氏からの聞き取り調査による）。

二〇〇六年にも『世界経済評論』誌には、小島清の論文「雁行形経済発展論」（五～六月号）、池間誠の論文「雁行形経済発展の形態論」（一一月号）が掲載され、その影響力のほどをうかがうことができる。

4　引用される雁行形態論

赤松要の雁行形態論は、二本の英語論文が発表されてから、経済開発論や日本経済論、アジア経済論に関心を持つ人たちの外国語文献においても引用されるようになっていく。その様子は、小島清の「雁行形態論とプロダクトサイクル論——赤松経済学の一展開——」（一九七五年）や「雁行型経済発展論——再吟味・再評価」（二〇〇三年）で詳しく展望されている。

小島清の展望論文（一九七五年と二〇〇三年）では、次のような文献が挙がっている。ベンジャミン・ヒギンズ（Benjamin Howard Higgins, 1912-）の『経済発展——原理、問題、政策——』(1969: 623-624)、オランダのL・J・ツインメンマン（Louis Jacques Zimmerman, 1913-）の『貧しい国々、豊かな国々——広がる格差——』（オランダ語一九六四年、英語一九六五年）、アメリカのJ・C・アベグレン（James C. Abegglen, 1926-）とW・V・ラップ（William V. Rapp）の「日本の経営行動と過当競争」（アジア経済研究所『ディヴェロッピング・エコノミー』一九七〇年）、ラップの「戦略基礎と国際競争」（『コロンビア・ジャーナル・オブ・ワールド・エコノミクス』一九七三年）。

フランスのクリスチャン・ソテー（Christian Sautter）にはとくに注目しておくべきであろう。彼はラップに影響を受けたとされ、『ジャポン――その経済力は本物か――』（一九七三年）をフランス語で公刊した（小金芳弘訳、産業能率大学出版部刊、一九七四年）。同書は、日本や日本経済の発展について書かれた親しみやすい入門書である。一九七一～七二年にフランス国立統計研究所と外務省から日本の経済企画庁日本経済研究所に一年間派遣され、その間に篠原三代平の指導を受けて完成させられた研究成果である。彼は、赤松の雁行形態論に則って、綿糸、綿織物、綿加工機械の輸入―生産―輸出の経過をグラフ入りで説明した（原書二三三～二五一、邦訳二七二～二九一）。ただ、不正確は記述もある。「日本が門戸を選択的に閉鎖することは、とくに一次資源と燃料を欠いているこの国が広範な輸入品を必要とするだけに、不可欠のことであった」とするのは許容されても、「無用な外国製品に対して国内市場を閉鎖することは、低開発状態から抜け出るための必要な条件の一つにすぎなかった。国内生産が外国の生産にとってかわることもまた必要であった」（原書二三七、邦訳二七六）とまで書かれると、いったん貿易摩擦が起これば火に注ぐ油になりかねない本だといわざるをえない。

実をいうと、一九七〇年代になると、西ヨーロッパ諸国やアメリカ合衆国が、日本を単に経済協力開発機構（ＯＥＣＤ）という経済先進国クラブの参加者以上の存在であると意識し始めたのである（池尾二〇〇六）。そして、七〇年代末から経済摩擦がひどくなり、八二年にフランス政府は、日本製ＶＴＲ（ビデオ・カセット・レコーダー）の輸入通関手続きをポアチエ税関事務所に限定するまでにいたったのである。そのとき、ソテーのことを思い出した日本人が何人かいたのである。

小島のリストに加えて、一九九〇年代には、赤松雁行形態論を紹介する次のような英語文献も登場している。フィンランドのP・コーホネン（Pekka Korhonen, 1955-）の『日本と太平洋自由貿易地域』（一九九四年）と「雁行形態型発展理論とその含意」（『ジャーナル・オブ・ピース・リサーチ』一九九四年）、アメリカのW・ハッチ（Walter Hatch）とK・ヤマムラ（Kozo Yamamura）の『日本に抱かれるアジア――地域生産同盟の建設――』（一九九六年）、伊藤隆敏（一九五〇〜）の「日本の経済発展：特異か普遍か」（J・Y・リン編『地域の経験と体制の変革』国際経済学協会、一九九六年）、池尾愛子の「第二次大戦以降の経済発展と経済思想：非マルクス経済学者による発展、貿易、産業についての研究」（杉原四郎・田中敏弘編『日本における経済思想と近代化』一九九八年）である。

批判と誤解を超えて

雁行形態論を批判するというよりも、この理論に対する反発を思わせるような研究も登場している。カナダのM・バーナード（Mitchell Bernard, 1956-）とオーストラリアのJ・ラヴェンヒル（John Ravenhill, 1945-）「プロダクト・サイクルと雁行を超えて――東アジアの地域化、階層化、工業化――」（『ワールド・ポリティクス』一九九五年）では、赤松の雁行形態論が、輸入代替による技術伝播が中心で、直接投資を分析対象に入れていなかったことを主に批判した。この点については、高弟の小島清が英文著書『直接海外投資――多国籍企業経営の日本的モデル――』（ロンドン、一九七八年）などを発表することによって、師の雁行形態論を超える積極的な研究を重ねていることをここでは指摘しておこう。

バーナードとラヴェンヒルの一九九五年論文の日本語訳は、インドネシア出身のユスロン・イーザー（Yusron Ihza, 1958-）の「雁行モデルの終焉：批判的考察」とともに、進藤榮一編『アジア経済危機を読み解く――雁は飛んでいるか――』（日本経済評論社、一九九九年）の第一部「雁行モデルをめぐって」に収録された。戦時中に赤松が書いたものには、独自の綜合弁証法が眩いまで駆使されていたり、あるいは経済統計データを詳しく提示したうえでデータからは導かれない事柄を結論ふうに記した箇所があったりする。それゆえ、当時の背景的知識をほとんどもたない日本語母語話者ではない研究者がそうしたものを扱うと、誤解を招きかねないことは何度でも強調しておくべきであろう。

さらに、アメリカにいる小沢輝智が『日本の諸制度、産業高度化および経済成果：追いつき型成長の「雁行」パラダイム』（イギリス、二〇〇五年）を発表し、赤松雁行形態論を英語で正確に伝えながら、発展させようとしたことも注目される。小沢はまず覇権国が先頭を切る成長クラスターと追いつき型の雁行パラダイムを論じた。そして、その背景にある技術移転や輸入知識に光をあて、その限界およびその限界を越えて新製品が登場する条件を、労働集約型産業、大規模化が進む重化学工業、産業高度化をもたらす組立工業などが牽引する諸段階について議論し、情報通信技術の進歩とそれにともなう構造転換や制度改革を射程に入れたのであった。

5　通貨（カレンシー）の問題

赤松要は一九七四（昭和四九）年に、『金廃貨と国際経済』（東洋経済新報社）を発表した。同書は、前篇「金廃貨への国際通貨」と後篇「国際経済の矛盾と整合」からなる論文集である。

赤松の通貨問題への関心は徐々に高まってきていた。第二次大戦終盤には、国際通貨基金（IMF）の設立原案が、イギリスの経済学者J・M・ケインズ、アメリカの財務官僚D・ホワイトなど経済専門職たちがブレトン・ウッズに集まり三〇カ国専門委員会で検討され、金にリンクし米ドルを機軸とする固定相場体制が組まれたのであった。しかし、アメリカの経常収支問題が継続していたことなどを背景に、ベルギー出身のロバート・トリフィン（Robert Triffin, 1991-93）が『金とドルの危機』（一九六〇年）で提案した世界中央銀行や新しい国際通貨の構想が注目を浴び続けていた。赤松は、金本位制の矛盾によって金平価は否定され、購買力平価を基礎とする新しい国際通貨が近い将来に生誕するであろうと予測したのであった。

一九七三年頃の国際通貨の急展開の歴史を赤松は書きとめている。六七年には、トリフィンの提案を参考にして、IMFでは特別引出権（SDR）が創出された。六八年の金プールの廃止と金の二重価格の成立、七一年八月のアメリカ大統領ニクソンによる米ドルの金交換停止、七三年二月の米ドルの再切下げと諸国の為替相場のフロート制移行、同七三年九月のナイロビでのＩＭＦ総会の原案には「金の公定価格の廃止」が現れたのであった。ＳＤＲはオランダ出身のジャック・ポラーク（Jack Polak, 1914-2004）によって創出されたが、トリフィンの構想とは異なり、各国政府が引き出せるものにとどまった。

その少し前、エカフェ（現国連アジア太平洋経済社会委員会）の発案により各国政府が協力する形で、一九六六年にアジア開発銀行（ＡＤＢ）が発足した。そして、二〇〇七年五月に第四〇回年次総会が京都で開催されたとき、もちろん開発政策も議論されていたが、アジアでの債券市場の育成やセキュリタイゼーション（証券化、債券化）も論題になっており、さらにＡＤＢが共通通貨（単位）の創設に向けても積極的に努力したいという姿勢が伝わってきた。しかし、通貨や通貨単位については、民間部門の経済活動の基盤なので、政府や政府間の協力体制の確立が必要である一方で、その創設のためにはそれを支える地域経済の成熟が求められる。実際、赤松が一九七三年頃に指摘したように矛盾し相対立する因子があり、彼の議論は今でも示唆に富んでいる。

一九九七年七月にはタイ通貨バーツが、政策の組合せミス（米ドル・ペッグと国内金利の高め設定）のもと、短期資金の引揚げが止まらなくなって外貨準備が不足し、フロート制に移行するや否や大幅に下落した。八月には、国際通貨基金（ＩＭＦ）は日本や他のアジア諸国、世界銀行・

ADBからも出資を受けてIMFパッケージによるタイ支援プログラムを組んだ。その頃、日本にはIMFを補完する地域的な流動性の融通の必要性を痛感した経済専門職たちがおり、アジア通貨基金（AMF）を設立する構想を非公式に議論し始めたものの、アメリカ、中国、IMFの反対にあって公式提案には至らなかった。そうするなか、通貨下落は周辺諸国にも伝播し、東アジア全体に通貨危機が広がり、インドネシアと韓国もIMFパッケージによる融資を受け、その融資条件とされた緊縮財政や制度改革を行った。また、東南アジア諸国連合（ASEAN）全体での貿易振興、域外諸国との自由貿易協定（FTA）締結の加速化など大きな変化をもたらすことになった。

一方アジア通貨危機は、IMFに頼るだけでは適切で迅速な対策を打ち出せないとの認識を生み出した。そこで東アジアにおける自助・支援メカニズムの強化をめざして、二〇〇〇年五月の第二回ASEAN＋3（中国、韓国、日本）蔵相会議において、二国間通貨スワップ取極のネットワーク構築等を内容とするチェンマイ・イニシアティブが合意された。〇六年五月以降は、地域における流動性支援のためのより発展した枠組みについて検討が重ねられている。

このような地域協力の制度化をめざす動きに刺激され、「東アジア共同体」形成に関する議論も盛り上がっている。赤松が繰り広げたデータに支えられた広域経済論は、現在の議論にも示唆するところが大いにある。広域経済（regional economy）にしろ、「東アジア共同体」にしろ、同時にその地域を越える世界経済とのつながりを視野に入れること、地域メンバー同士の間で共通認識を形成していくことがその形成に向けて不可欠なのである。

赤松要年譜（「自作年譜」（一九五八年）に基づいて作成）

一八九六（明治二九）年	八月七日、赤松虎之進（米穀小売商）とカズ子の長男として福岡県久留米市京町四丁目（現在、ブリジストンタイヤ工場）に誕生。
一九一〇（明治四三）年	四月、久留米市立久留米商業学校に入学。一五年三月卒業、成績二番。
一九一五（大正　四）年	四月、神戸高等商業学校に無試験入学。一九年三月卒業。
一九一九（大正　八）年	四月、東京高等商業学校専攻部経済科に入学。二一年三月卒業。
一九二一（大正一〇）年	四月、名古屋高等商業学校に講師として着任。二二年一一月、教授に昇任。
一九二三（大正一二）年	一一月、在外研究の命令「商業学及経済学、商業政策特に税関倉庫研究の為、満二カ年間、英吉利国、独逸国及亜米利加合衆国へ在留を命ず」を受ける。
一九二四（大正一三）年	三月、白山丸に乗って出発。ドイツのハイデルベルク大学において哲学を研究。H・リッケルトとH・グロックナーのゼミナールに出席。
一九二五（大正一四）年	七月、福田徳三夫妻をドイツに迎え、宮田喜代蔵、梅田政勝とともに、ミュンヘン近郊プーリンに老ブレンターノを訪問。
一九二六（大正一五）年	一月（～四月まで）、フランス滞在。その間一〇日間、イギリス訪問。四月（～六月まで）、アメリカ滞在。ハーバード大学のビジネス・スクールや経済研究所視察。七月、帰国。調査研究機関の設置を進言。産業調査室設置。
一九二七（昭和　二）年	四月、ヘーゲルの立場より、左右田経済哲学批判の論文を発表。八月、論敵の左右田喜一郎逝去。
一九二八（昭和　三）年	三月、弟茂、名古屋高等工業学校を卒業、日立造船に就職。五月、宮崎貴子《よしこ》と結婚。別府、瀬戸内海を紫丸にて新婚旅行。

一九三〇（昭和　五）年　三月、長男宏一誕生。五月、師の福田徳三逝去。

一九三一（昭和　六）年　一一月、ヘーゲル死後百年祭を記念し、『ヘーゲル哲学と経済科学』出版。

一九三二（昭和　七）年　三月、弟正章、名古屋高商に入学、要たちの家で同居開始。

一九三三（昭和　八）年　四月、長女晶子誕生。

一九三四（昭和　九）年　六月、母カズ子他界（六〇歳）。

一九三五（昭和一〇）年　三月、弟正章、名古屋高商卒業、日本銀行に就職。四月、父虎之進、叔母と同居開始。

一九三八（昭和一三）年　三月、父虎之進、脳溢血のため急逝（六九歳）。

一九三九（昭和一四）年　三月、東京商科大学に教授として着任。阿佐谷に住居。

一九四〇（昭和一五）年　二月頃（～四一年九月まで）、陸軍参謀本部で陸軍主計中佐・軍務課戦争経済研究班長の秋丸次朗が組織した、日本、英米、ドイツ、ソ連の戦争遂行能力の比較調査に協力開始。四月、東京商科大学に新設された東亜経済研究所の研究部長に就任。九月（～一一月頃まで）、満州、華北調査。一二月、国立に転居。

一九四一（昭和一六）年　一月、赤松編輯『新世界経済年報』が商工行政社より四季報として刊行されることになる。九月、秋丸機関報告書提出。一二月、日本軍、真珠湾攻撃。

一九四二（昭和一七）年　五月、師の坂西由蔵逝去。六月、高瀬荘太郎学長の命により、東亜経済研究所所員を中核とする四十数名を率い、南方総軍軍政総監部に属して南方の民族経済資源の調査にあたることになり、調査要綱の作成に従事。一二月、神戸出帆、シンガポールに無事入港。

一九四三（昭和一八）年　一月、大学教授の身分のまま、南方総軍の軍政総監部の調査部長となり、初めは少将、のちに中将待遇。主としてシンガポールに駐在。一二月、一時帰国。

月末帰任。

一九四四（昭和一九）年　九月、経済学博士号を受けたことを、クアラルンプールで知る。

一九四五（昭和二〇）年　五月、軍政監部に、マライ人の戦後の独立を約束すべきことを進言。八月、タイピンの司令部にて、終戦の詔勅を聞く。イギリス軍によって収容され、まもなく無人島だったレンバン島に移され、辛酸をなめる。

一九四六（昭和二一）年　七月、シンガポールより帰還。八月に浦賀に着岸し、国立の家に到着。一一月、教育職員審査委員会にて適格の判定。

一九四八（昭和二三）年　一二月、公職適否審査会において追放を免れる。

一九四九（昭和二四）年　（〜五三年三月まで）断続的に、東京女子大学、東京経済大学、成城大学などで講師を務める。一〇月（〜五一年）、名和統一と国際価値論争を行う。

一九五〇（昭和二五）年　一一月、中山伊知郎の懇請により、中央賃金審議会会長となる。

一九五一（昭和二六）年　一月、東京経済大学で日本の自衛力問題に関する質問会で応答。四月、国立町議会に文教地区設定の決議を通過させる（都議会を経て、五二年一月に国立文教地区が施行されるに至る）。

一九五三（昭和二八）年　四月、一橋大学経済学部長となる（五五年三月まで）。（学長は中山伊知郎）。五月、明治大学大学院講師。

一九五四（昭和二九）年　五月、最低賃金に関する答申を労働大臣に提出し、中央賃金審議会会長を辞任。六月、国際経済学会理事長に選任（七〇年一一月まで）。九月、学術会議より欧州派遣。

一九五五（昭和三〇）年　一月、長女晶子が東京女子大学の学友会誌に「父への手紙」を書き、要が朝日新聞紙上に公開の返事を寄せて、話題になる。四月、長男宏一が一橋大学大学院学生のまま国立町議員に当選。

一九五六（昭和三一）年　四月（〜二年間）、久武雅夫の大学院数学ゼミを聴講し、数学の森を見る。五月、ブリジストンタイヤの創立二五周年記念祝賀会に招待され、郷里久留米に帰る。生家のあとに建てられたブリジストンの講堂にて講演。六月、東京其湛会総会にて還暦祝いに赤地の座布団を贈られる。八月七日、満六〇歳を妻貴子と上高地で迎える。一〇月五日、如水会館にて一橋赤松会の還暦祝賀を受けガウンを贈られる。

一九五八（昭和三三）年　一月、還暦記念論集『経済政策と国際貿易』（春秋社）を受ける。自作年譜を付す。

一九六〇（昭和三五）年　三月、一橋大学を定年退職し、名誉教授となる。四月、明治大学に移り、経済学専攻博士課程の創設に腐心。

一九六一（昭和三六）年　五月、歌集『わが旅路』を編み、還暦記念論集の協力者に贈る。

一九六二（昭和三七）年　四月、国際日本協会が世界経済研究協会と改称され、理事長に推される。

一九六四（昭和三九）年　九月、世界経済研究協会、社団法人の認可を受ける。

一九六八（昭和四三）年　四月、拓殖大学に移る。海外事情研究所所長、大学院院長として、大学院の拡充に努める。

一九七二（昭和四七）年　五月（〜七五年三月まで）、世界経済研究協会編『一九八五年の世界貿易』全六巻刊行開始。第一巻に巻頭論文「日本産業発展の雁行形態」を寄稿。

一九七三（昭和四八）年　二月二六日、妻貴子が先立つ。

一九七四（昭和四九）年　一二月二〇日、脳溢血のため急逝（七八歳）。

赤松博士著者目録（還暦論集などに基づいて作成）

一九二〇（大正九）年
「マルクス「経済学批判」に於ける商品論」『国民経済雑誌』第二八巻第五〜第六号
一九二一（大正一〇）年
『マルクスの価値・価格及貨幣論』（卒業論文）
「マルクスの価値法則と生産価格」『商学研究』第一巻第一号
一九二二（大正一一）年
「生産技術的歴史観」『国民経済雑誌』第三三巻第三号
「社会科学に於けるマルクスの地位」『国民経済雑誌』第三三巻第一〜第二号
一九二四（大正一三）年
「マルクスの価値法則と平均利潤率との「矛盾」――小泉教授及び河上博士の論評の論評――」『商業経済論叢』（名古屋高等商業学校）第一巻（三月）
「概念と現実との分化と集化」『商業経済論叢』第二巻（一一月）
一九二五（大正一四）年
邦訳『カール・マルクス研究』（R. Wilbrandt, *Karl Marx, Versuch einer Würdigung*, 4. Aufl. 邦訳）三〇九頁、大鐙閣（七月）
「欧州の土を踏みつつ」（短歌）『名高商学友会誌』第六号、ならびに、『若菜』第四輯（三月）
一九二六（大正一五）年
「南独湖畔にての三碩学とその自然」『名高商学友会誌』第八号（三月）
「伊太利吟行」（短歌）『名高商学友会誌』第九号（七月）

「ケースメソッド管見」『名高商学友会誌』第九号（七月）
「静的及び動的文化とその綜合」『商業経済論叢』第四巻（一一月）
一九二七（大正一六）年
「純理経済学と心理主義」『国民経済雑誌』第四二巻第二号、第四号
'Wie ist das vernünftige Sollen und die Wissenschaft des Sollens bei Hegel möglich? Zur Kritik der Rickert's schen Abhandlung "Über idealistische Politik als Wissenschaft",' *Archiv für Geschichte der Philosophie und Soziologie*, 38: (1-2), 1-17.（Akamatsu 1927）（『追悼論集』収録）
「左右田博士の貨幣的理想主義の一批評」『経済往来』（一〇月）
「ヘーゲル哲学における経済的社会的体系——System der Sittlichkeit の研究——」『商業経済論叢』第五巻（一二月）
一九二八（昭和三）年
『本邦紡績業経営調査』（其一）資本構成比率の調査研究、名古屋高商産業調査室、第四輯（四月）
『本邦紡績業経営調査』（其二）名古屋高商産業調査室、調査報告、第五輯（五月）
「経済生活の分裂と綜合」『国民経済雑誌』第四五巻、第五、六号（一一月）
「本邦紡績業の経営調査の結果について」長崎高商研究所編『経営学講演集』（一二月）
一九二九（昭和四）年
「経済科学の客観性」『商業経済論叢』第六巻下（三月）
『本邦紡績業経営調査』（其三）名古屋高商産業調査室、調査報告、第八輯（一一月）
「経済政策の客観性——社会的綜合主義序説——」『商業経済論叢』第七巻下（一二月）
一九三〇（昭和五）年
「産業合理化とその矛盾及び綜合」『商業経済論叢』第八巻（七月）

「福田徳三博士の死（短歌）」『名高商学友会誌』第一九号（一〇月）
一九三一（昭和六）年
「経済的自由主義の矛盾と経済的統制の生成」『商業経済論叢』第九巻（名高商創立十周年記念論文集）（一〇月）
『ヘーゲル哲学と経済科学』同文館、四四〇頁（一一月）
一九三二（昭和七）年
「世界経済の異質化と同質化」『商業経済論叢』第一〇巻上（七月）
「産業合理化と失業」『経営学論集』第六輯（九月）
一九三三（昭和八）年
「統制経済文献抄」『商業経済論叢』第一一巻別冊（一一月）
一九三四（昭和九）年
「統制経済と職分共同体」『商業経済論叢』第一一巻下（二月）
'Industrial and labour conditions in Japan, with special reference to those in Nagoya, collaborated with Y. Koide,' Nagoya Chamber of Commerce.（六月）
『愛知県尾西地方の毛織工業経営調査』（酒井正三郎との共同調査）（本邦羊毛工業の調査研究　其の一）名高商産業調査室、調査報告、第一五輯（六月）
『羊毛工業発達史（英国）』（酒井正三郎氏と共著）（本邦羊毛工業の調査研究　其の二）名高商産業調査室、調査報告、第一六輯（九月）
一九三五（昭和一〇）年
「我国羊毛工業品の貿易趨勢」『商業経済論叢』第一三巻上（七月）
「購買力平価と我国の外国貿易」『国際経済』（九月号）

一九三六（昭和一一）年
『我国羊毛工業会社企業の経営分析』（酒井正三郎と共著）（本邦羊毛工業の調査研究　其の四）名高商産業調査室、調査報告、第八輯、一〇八頁（四月）
「カルテル立法における自由と統制（一）」『商業経済論叢』第一四巻上（七月）
『工業組合と家内工場』名高商産業調査室、調査報告、第一九輯、五五頁（九月）
「カルテルに於ける統制と自由」『経営学論集』第一〇輯第二部（一〇月）
一九三七（昭和一二）年
「吾国経済発展の綜合弁証法」『商業経済論叢』第一五巻上（七月）
『我国の羊毛工業貿易』（酒井正三郎氏と共著）（本邦羊毛工業の調査研究　其の五）名高商産業調査室、調査報告、第二〇輯、六八頁（九月）
『産業統制論』（経営学体系第二九巻）千倉書房（一一月）
一九三八（昭和一三）年
「経済統制文献」『商業経済論叢』第一五巻下（二月）
「『ゲルド・イディアリズムス』の社会的地盤」『内池廉吉博士還暦祝賀記念商学論集』（四月）
「価格と生産との相関性について」『日本統計学会年報』第七年（九月）
「鉄鋼の割当経済とその展望」『科学主義工業』（一〇月）
一九三九（昭和一四）年
「経営共同体の綜合弁証法」『経営』第三冊（三月）
「長期景気波動について」『坂西博士還暦祝賀論集　経済学・経済史の諸問題』（四月）
「生活体の階層的構成について」『商業経済論叢』第一七巻第三号（一二月）
一九四〇（昭和一五）年

「競争主義・協同主義・指導主義――経済新体制の原理についての一考察――」『商業経済論叢』第一七巻（二月）
「貿易品価格の統制――特に為替取引政策の提唱――」日本学術振興会編『物価問題の再検討』（四月）
「貿易品の価格統制」日本貿易研究会編『日本貿易年報』第三輯（四月）
「経済戦争の本質とその変容」『一橋論叢』第五巻第五号（五月）
「統制経済と有機的均衡」『統制経済』（九月）
「日本経済学方法論の一考察」日本諸学振興委員会編『研究報告』九（一一月）

一九四一（昭和一六）年
『世界新秩序とわが広域経済』（新世界経済年報）第五輯（一月）
「上田先生と商大東亜経済研究所」『一橋論叢』第七巻第一号（一月）
「国家創意と個人創意との綜合原理」『一橋論叢』第七巻第三号（三月）
『新世界経済年報』第六輯、経済戦争特輯、商工行政社、三一七頁（五月）
「ソ連計画経済に於ける独立採算性」日本学術振興会編『公益性と営利性』日本評論社（七月）
『新世界経済年報』第七輯（九月）

一九四二（昭和一七）年
『新世界経済年報』第八輯（一月）
『新世界経済年報』第九輯（九月）
『国防経済総論』（中山伊知郎、大熊信行との共著）巌松堂、四一五頁（一〇月）
「東亜貿易の歴史的類型」『東京商大東亜経済研究年報』第一輯（一二月）

一九四三（昭和一八）年
『世界経済と技術』（小島清との共著）（技術文化体系）商工行政社、六三四頁（六月）

「新興国産業発展の雁行形態」『上田貞次郎博士記念論文集』第四巻（七月）
一九四四（昭和一九）年
『経済新秩序の形成原理』理想社、四五二頁（七月）
一九四五（昭和二〇）年
『経済新秩序の形成原理』（改訂版）理想社、四五二頁（四月）
一九四七（昭和二二）年
「産業社会化の理論と政策」『経済』第一巻第二号（三月）
「産業社会化論の批判に答えて」『経済』第一巻第五号（六月）
一九四八（昭和二三）年
「供給乗数理論の提案――ケインズ乗数理論の批判」『経済』第二巻第二号（二月）
「ソ連での福田徳三博士とケインズ」『黎明書信』第三号（七月）
「日本インフレーションは収束しうるか」『経済』第二巻第八号（八月）
「世界経済の新秩序とその矛盾――国際貿易憲章の解剖――」『世界経済評論』（九月）
『福田徳三・生存権の社会政策』赤松要編（社会科学選書1）黎明書房、一八五頁（九月）
「供給乗数論の展開――塩野谷、千種両教授の批判に答えて」『経済』第二巻第一一号（一一月）
「貿易乗数論と供給乗数論」『一橋論叢』第二〇巻第五号、第六号（一二月）
「近代資本主義」『社会科学体系』第一一巻　経済と交通（一二月）
一九四九（昭和二四）年
「世界経済の構造変動と貿易理論」『世界経済』第四巻第一号（三月）
「三六〇円レートの影響」『経営評論』第四巻第六号（六月）
「自由貿易における不等価交換――名和教授の国際価値論に関連して――」『世界経済』第四巻第七号（一

〇月）

一九五〇（昭和二五）年

「世界経済の『根本的不均衡』とその是正の国際的責任」『国際法外交雑誌』第四九巻第一号（三月）

『世界経済の構造と原理』（社会科学選書2）黎明書房、二六四頁（三月）

『経済政策』（一橋大学経済学講座）新紀元社、二七六頁（五月）

'The theory of "supply-multiplier" in reference to the post-war economic situation in Japan,' *Annals of the Hitotsubashi Academy*, vol. 1, no. 1, pp. 3-14.（Akamatsu 1950）（一〇月）

「産業構造の異質性と同質性」『産業経済研究』第三巻第九号（一〇月）

「世界経済の分裂と日本経済」『世界経済』第五巻第一一号（一〇月）

一九五一（昭和二六）年

「公開質問状にお答えする（自衛力論争）」『東京経済大学新聞』（三月）

『最低賃金制問題の焦点』最低賃金制をめぐる諸問題、日刊労働通信社、一八三頁（四月）

「座談会――全面講和と単独講和論の対決」（中野好夫、名和統一、矢部貞治との座談会）『中央公論』臨時増刊号（七五三号）（九月）

『日本経済の羅針盤』勁草書房、二〇〇頁（一二月）

一九五二（昭和二七）年

「ストルパー教授の『輸入乗数』について」『一橋論叢』第二七巻第二号（二月）

一九五三（昭和二八）年

「国際経済の理論」（座談会）『理論経済学』第四巻第二号（五月）

「Dumping の本質と Unfair Competition」『一橋論叢』第三〇巻第三号（九月）

「酒井正三郎『経済体制と人間類型』」（書評）『経済研究』第四巻第四号（一〇月）

一九五四（昭和二九）年

『経済政策概論』（経済学演習講座）（編書）青林書院、三一三頁（五月）

「日本貿易のあり方」『国際経済』第五号（八月）

「経済政策的認識の諸問題」『経済研究』第五巻第四号（一〇月）

'The essentials of dumping and unfair competition with reference to the Japanese export situation,' Annals of the Hitotsubashi Academy, vol. 5 no. 1, pp. 22-36.（一〇月）

一九五五（昭和三〇）年

「最近の国際経済学の展望」（座談会）『理論経済学』第四巻第三号（三月）

「多角的貿易乗数について――ドイツ経済の復興に関連して――」『一橋論叢』第三三巻第四号（四月）

「経済政策」『経済学大辞典』第二巻、二一〇～二六六頁（九月）

『貿易』（現代経済知識全集一〇）中央経済社、二九八頁（一二月）

一九五六（昭和三一）年

「原子力時代の経済思想」『中央公論』第七一巻第四号（四月）

『増訂経済政策論』（編著）青林書院、三一七頁（四月）

'Japan's export of cotton textile to the United States,'『日本紡績月報』第一一四号（六月）

「わが国産業発展の雁行形態――機械器具工業について――」『一橋論叢』第三六巻第五号（一一月）

一九五七（昭和三二）年

「日本貿易発展の諸要因」『世界経済評論』（一月）

『経済通論』（青林全書）青林書院、二六六頁（二月）

「欧州共同市場形成の理論」『世界経済評論』（八月）

一九六一（昭和三六）年

『歌集　わが旅路』（五月）

'A theory of unbalanced growth in the world economy', *Weltwirtshaftliches Archiv*, Band 86, Heft 2, pp. 196–217.（Akamatsu 1961）門下生編（一九七五）収録。

一九六二（昭和三七）年

'A historical pattern of economic growth in developing countries', *The Developing Economies*（アジア経済研究所）, Preliminary Issue,（1）: 3–25.（Akamatsu 1962）門下生編（一九七五）に収録。アジア経済研究所ウェブ掲載。

一九六五（昭和四〇）年

『世界経済論』国元書房（四月）

一九六六（昭和四一）年

『新訂経済政策論』青林書院（三月）

一九六七～六八（昭和四二～四三）年

「学問遍路」『世界経済評論』連載（一九六七年四月号～六八年四月号）門下生編（一九七五）に収録。

一九七二（昭和四七）年

「日本産業発展の雁行形態」世界経済研究協会編・小島清監修『日本貿易の構造と発展』（一九八五年の世界貿易　第一巻）至誠堂（五月）

一九七三（昭和四八）年

『貴子の追想』（赤松貴子著、赤松要他編）（一一月）

一九七四（昭和四九）年

『金廃貨と国際経済』東洋経済新報社（六月）

一九七五（昭和五〇）年

世界経済研究協会編・赤松要・渡部福太郎共同監修『日本貿易の将来像』（一九八五年の世界貿易　第六巻）至誠堂（三月）

参考文献

赤松要（一九五八）「自作年譜」。（赤松要博士）還暦記念論集刊行会編、四九七〜五三二。

赤松要（一九七五）［一九六七〜六八］「（自画像）学問遍路」。（赤松要先生）門下生編、九〜六八。

赤松要博士還暦記念論集刊行会（代表小島清）編『経済政策と国際貿易——赤松要博士還暦記念論集——』春秋社。

赤松要先生門下生（代表小島清）編（一九七五）『学問遍路——赤松要先生追悼論集——』世界経済研究協会、草炎社。

秋丸機関（一九四一）「英米合作経済抗戦力」東京大学経済学部図書室、有澤文書。

池尾愛子（一九九四）『二〇世紀の経済学者ネットワーク——日本からみた経済学の展開——』有斐閣。

池尾愛子（一九九八）「統制経済」藤井隆至編著『経済思想』東京堂出版、二二六〜二二九。

池尾愛子（二〇〇六）『日本の経済学——二〇世紀における国際化の歴史——』名古屋大学出版会。

池尾愛子編（一九九九）『日本の経済学と経済学者——戦後日本の研究環境と政策形成——』日本経済評論社。

　英語版 *Japanese Economics and Economists since 1945*, London: Routledge, 2000.

板垣与一（二〇〇四）『自己の中に永遠を』文芸社。

小出保治（一九七五）「赤松先生の学問と名古屋時代」門下生編、二六五〜三一三。

小島清（一九七五）「雁行形態論とプロダクトサイクル論——赤松経済学の一展開——」門下生編、二二七〜二四五。

Kojima, K. (1978). *Direct Foreign Investment: A Japanese Model of Multinational Business Operations*. London: Croom Helm.『多国籍企業の直接投資』ダイヤモンド社、一九八一年。

小島清（二〇〇三）「雁行型経済発展論——再吟味・再評価」『雁行型経済発展論』第一巻、文真堂。

篠原三代平（一九七五）「赤松経済学が一経済学者に与えた影響」門下生編、二二二～二二六。

世界経済研究協会編（一九七二～七五）『一九八五年の世界貿易』シリーズ全六巻、至誠堂。

一橋大学学園史刊行委員会（一九九五）『一橋大学百二十年史』一橋大学。

Abegglen, J. C. and W. V. Rapp (1970), Japanese Managerial Behavior and Excessive Competition, *The Developing Economies*（アジア経済研究所）, 8 (4): 427-444.

Bagwati, J. (1964), The pure theory of international trade: A Survey, *The Economic Journal*, 74: 1-84.

Ikeo, A. (1998), Economic development and economic thought after World War II: non Marxian economists on development, trade and industry. In Sugihara, S. and T. Tanaka eds. (1998), *Economic Thought and Modernization in Japan*, Cheltenham, UK: Edward Elgar. pp. 131-151.

Ito, T.（伊藤隆敏）(1996), Japanese economic development: idiosyncratic or universal? J. Y. Lin (ed.), *Regional Experiences and System Reform*, volume 1 of Proceedings of the International Economic Association, 11th World Congress, Tunis, December 1995.

Korhonen, P. (1994), *Japan and the Pacific Free Trade Area*, London: Routledge.

Mumford, L. (1934). *Technics and Civilization*. London: G. Routledge and New York: Harcourt, Brace and company. Reprint, 1963. 三浦逸雄訳『技術と文明』育生社弘道閣、一九四二年。生田勉訳『技術と文明』全三冊、鎌倉書房、一九五三～五四年。生田訳、美術出版社、一九七二年。

Okita, S.（大来佐武郎）(1985), Special presentation: Prospect of the Pacific economies, Korean Development Institute, Pacific Economic Cooperation: Issues and Opportunities, Report of the Fourth Pacific Economic Cooperation Conference, Seoul, April 29- May 1, 1985.（小島二〇〇三）。

Ozawa, T.（小沢輝智）(2005), *Institutions, industrial upgrading, and economic performance in Japan: the 'flying-geese' paradigm of catch-up growth*, Cheltenham, UK; Northhampton, MA: Edward Elgar.

Rapp, W. V. (1973), Strategy Foundation and International Competition, *Columbia Journal of World Business*, Summer.

Sachs, I. (1965). *Foreign Trade and Economic Development of Underdeveloped Countries*. Translated from the Polish by Karol Jakubowicz, Bombay and New York: Asia Publishing House. Originally published as *Handel zagraniczny a rozwoj gospodarczy*, Warsaw, Panstwowe Wydawnictwo Gospodarcze, 1963.

Sautter, C. (1973), *Japon: Le Prix de la Puissance*, Paris: Editions du Seuil.（小金芳弘訳『ジャポン：その経済力は本物か』東京：産業能率大学出版部、一九七四年）。

Shinohara, M. (1962). *Growth and Cycles in the Japanese Economy*, Tokyo: Kinokuniya Bookstore Co.

Vernon, R. (1966), 'International investment and international trade in the product cycles', *Quarterly Journal of Economics*, 80 (2): 190–207.

Yamazawa, I. (1990), *Economic Development and International Trade: The Japanese Model*, Hawaii: East-West Center, The Japanese original version, 1984.（日本語版は、山沢逸平『日本の経済発展と国際分業』東洋経済新報社、一九八四年）。

インタビュー

小島清氏（東京：小島清氏宅）二〇〇六年一二月二六日

佐藤隆三氏（東京：佐藤隆三氏宅）二〇〇七年二月一九日

ま行

や行

ら行

人名索引

【著者紹介】

池尾 愛子（いけお・あいこ）

1956年：大阪に生まれる

1980年：一橋大学社会学部卒業

1985年：一橋大学大学院経済学研究科博士後期課程修了

2002年：博士学位取得（早稲田大学）

現　在：早稲田大学商学学術院教授

主要著書：『20世紀の経済学者ネットワーク——日本からみた経済学の展開』有斐閣，1994年，（編）*Economic Development in Twentieth Century East Asia: The International Context,* London: Routledge, 1997,（編）『日本の経済学と経済学者——戦後の研究環境と政策形成』日本経済評論社，1999年，（編）*Japanese Economics and Economists since 1945,* London: Routledge, 2000,『日本の経済学——20世紀における国際化の歴史』名古屋大学出版会，2006年。

赤松 要　　〈評伝・日本の経済思想〉

わが体系を乗りこえてゆけ

2008年2月15日　第1刷発行　定価（本体2500円＋税）

著　者　池　尾　愛　子

発行者　栗　原　哲　也

発行所　株式会社　日本経済評論社

〒101-0051　東京都千代田区神田神保町3-2

電話 03-3230-1661　FAX 03-3265-2993

info@nikkeihyo.co.jp

URL: http://www.nikkeihyo.co.jp

装幀＊渡辺美知子　印刷＊文昇堂・製本＊山本製本所

乱丁落丁本はお取替えいたします。　Printed in Japan

ISBN978-4-8188-1985-6

【刊行の辞】

日本経済思想史研究会は一九八三年に発足し、以来四半世紀、日本経済思想史という学問の発展を目指して活動してまいりましたが、このたび「評伝・日本の経済思想」シリーズを世に問うこととなりました。本シリーズの目標は、一冊ごとに一人の人物を取り上げ、その生涯をたどりつつ、その人物の経済思想をその人の生きた時代の中に位置づけ、理解することです。日本人の伝記のシリーズは、これまでにもいくつか公刊されておりますが、経済思想に焦点を当てたものは本シリーズが初めてであろうと自負しております。

本シリーズでは、著名な学者・思想家といった知識人を取り上げるとともに、経済活動の現場に身を置いた企業者、日本経済の将来を構想し経済政策を立案・実行した政策者にも光を当てることに努めました。しかし、企業者や政策者の考えていたことを分析的に理解し、それを再構成し、しかも分かりやすい形で叙述することは、むずかしい課題であることは否めません。本シリーズは、不十分ながらも、そうした方向への一つの試みでもあります。

日本の学界には、日本経済史という領域があり、他方では、主に西洋の経済思想や経済学を取り扱ってきた経済学史という分野も存在します。このためか、経済史や経済学史とある部分では重なりつつ、しかし、どちらに対しても一定の独自性を有するはずの日本経済思想史という領域は、残念ながら、未だしの感をぬぐいきれません。本シリーズが、研究者や学生はもちろん、広く多くの方々の座右に置かれるようになることを切望してやみません。

日本経済思想史研究会代表幹事・早稲田大学教授　川口　浩

▶評伝・日本の経済思想◀

寺出道雄（慶應義塾大学）『山田盛太郎』＊
池尾愛子（早稲田大学）『赤松　要』
中村宗悦（大東文化大学）『後藤文夫』
上久保敏（大阪工業大学）『下村　治』
落合　功（広島修道大学）『大久保利通』
大森一宏（駿河台大学）『森村市左衛門』
見城悌治（千葉大学）『渋沢栄一』
清水　元（早稲田大学）『北　一輝』
西沢　保（一橋大学）『福田徳三』
小室正紀（慶應義塾大学）『福澤諭吉』
齋藤　憲（専修大学）『大河内正敏』
仁木良和（立教大学）『岡田良一郎』
藤井隆至（新潟大学）『柳田国男』
川崎　勝（南山大学）『田口卯吉』
山本長次（佐賀大学）『武藤山治』

＊印は既刊